AF242590

SOUVENIRS

D'UN

RICOCHET DU COUP D'ÉTAT

DE DÉCEMBRE 1851

A THIERS

Par B. L., artiste peintre

PRIX : 50 C.

CLERMONT-FERRAND

TYPOGRAPHIE ET LITHOGRAPHIE G. MONT-LOUIS

Rue Barbançon, 2

1885

AVANT-PROPOS

En présence de la velléité de la part des réactionnaires, principalement des bonapartistes, d'attaquer plus vivement que jamais, par le mensonge, la calomnie, par toutes les armes de la mauvaise foi, et pour cause, les principes démocratiques et les hommes qui les servent ou les représentent, je prends le parti et je considère comme un devoir de livrer à la publicité, et quoique longtemps après, cet opuscule sur le Coup d'Etat de 1851, si énergiquement flétri dès son début par notre grand et courageux poète Victor Hugo; persuadé que quelque modeste qu'il soit, il peut avoir néanmoins son utilité, en fournissant d'abord quelques pages de plus à son histoire qui ne saurait être ni trop complète, ni trop répandue, ensuite en en ravivant le souvenir dans l'esprit de la jeunesse d'aujourd'hui, afin qu'elle puisse bien connaître pour les apprécier, le caractère, les tendances du parti qui en fut l'auteur et qui, également, a été la cause de toutes les calamités, de tous les maux qui ont pesé depuis sur notre pays;

De ce parti qui, se posant comme le champion des intérêts du peuple, le fait mitrailler pour arriver au pouvoir et le livre après l'avoir vaincu, à l'influence, à la merci des nobles et des jésuites;

De ce parti en un mot, qui, quoique rudement frappé dans la personne de ses chefs, par le destin qui semble vouloir nous en délivrer, relève quand même la tête avec autant d'audace, avec autant d'assurance que si jamais il n'avait commis aucune faute!... que si jamais il n'avait commis aucun crime!!...

RICOCHET DU COUP D'ÉTAT

DE DÉCEMBRE 1851

A THIERS

CHAPITRE PREMIER.

Quelques semaines avant le coup d'Etat, notre ville très-sympathique aux idées démocratiques comme le sont en général toutes celles qui se livrent à l'industrie et au commerce, et surtout lorsqu'elles possèdent comme Thiers une classe ouvrière intelligente, indépendante de caractère, et raisonnable dans ses aspirations politiques ; notre ville, dis-je, se trouvait dans une situation morale d'autant plus agitée, que l'on s'attendait chaque jour à cet événement que faisait présager d'une manière très-évidente, l'attitude hostile du gouvernement vis-à-vis la Chambre des députés, et la lutte incessante et courageuse de la presse républicaine contre cette attitude.

Aussi pendant tout ce temps, les établissements publics étaient-ils très-activement surveillés par les agents avoués ou secrets de la police, par les émissaires de la réaction. Parmi ces établissements, deux surtout, le café Chalvon et le café Richard, se trouvaient plus particuliérement sous le coup de cette surveillance, parce qu'ils étaient fréquentés par les hommes les plus influents et les plus actifs du parti républicain. Dans ce dernier se tenait le cercle du Commerce dont faisaient partie les deux députés républicains, Goutay, avocat et Lasteyras, pharmacien ; les |citoyens Giraud-Provenchère, ex-maire de 1840 ; son ancien adjoint Goutte-Chervais, Lachamp, médecin, Prunet, avoué. Greliche-Bouchet, maître papetier, Passenaud, avoué, et d'autres noms assez en relief. Messieurs les gendarmes y venaient presqu'à toute heure de la journée. Néanmoins, leur présence n'empêchait pas les discussions politiques d'aller leur train, et d'être même parfois très-animées.

A vrai dire, il faut leur rendre cette justice qu'ils ne se montraient ni trop sévères, ni trop susceptibles vis-à-vis de leurs surveillés, ils paraissaient au contraire plus souvent mécontents que satisfaits du genre de service qu'on exigeait d'eux.

En outre de cette tracasserie quelque peu vexatoire, les républicains étaient encore en butte à bien d'autres non moins désagréables, pour ne pas dire plus, et on était allé même sous ce rapport jusqu'à en traduire un assez grand nombre en police correctionnelle, et à les condamner bien entendu, pour avoir crié : vive la République ! après une messe dite en faveur de ce gouvernement établi.

Ainsi, ce qui se pratiquait, ce qui était autorisé sous la monarchie, lorsque à la suite d'un office du même genre, on s'empressait de prononcer bien haut, sur un ton très-exalté, le cri si intéressant...... de vive le roi ! ne pouvait subsister sous la République, selon le singulier esprit de justice....., de logique..... de nos bons..... magistrats d'alors.....?

Dans le public, entre particuliers, la situation n'était pas moins tendue. Le réactionnaire observait attentivement l'attitude de son voisin le républicain, et s'il le rencontrait dans la rue, il l'arrêtait pour lui faire, comme si le droit lui appartenait, et comme un professeur à un écolier, une morale à sa façon, dont le but final était de l'engager à ne pas se mêler de politique, et si par hasard la riposte, en présence d'une pareille prétention, était un peu verte, — et elle méritait bien de l'être de la part du républicain, — la conversation commencée amicalement, finissait dès lors par devenir désagréable, et après s'être piqué réciproquement, on se séparait avec forces menaces de part et d'autre.

On ne pouvait pas, tellement la passion l'emportait, se considérer comme amis, si on n'avait pas en politique... la même manière de voir. Pourtant au point de vue de la raison qui devrait dominer le plus possible dans tout, il devrait en être de cela comme des caractères, qui quoique différents les uns des autres, n'empêchent pas cependant les rapprochements, et même les relations d'amitié.

C'est un dimanche matin, le 3 décembre, et au moment même où nous nous entretenons chez un de mes amis, M. Giraud-Pine, qui n'est de retour d'un voyage à Paris que depuis deux ou trois jours, des probabilités du coup d'État, que j'en apprends la nouvelle.

Elle ne nous étonne guère, puisqu'en outre de la presse républicaine qui n'a cessé d'en entretenir chaque jour le pays, nous en étions aussi prévenus par un de nos députés de Clermont, le colonel Charras qui, dans une réunion d'amis qui avait eu lieu tout récemment à Thiers, nous en avait parlé en ces termes :

« Je suis persuadé que la crise que nous traversons, ne peut se prolonger au delà de cinq à six semaines, ou de deux mois au plus, et que le gouverne - ment ne réussira pas dans son entreprise, s'il la tente ouvertement, parce que tous les hommes influents du parti républicain, soit de la Chambre, soit de Paris, sont décidés à lui résister énergiquement.

» Mais si au contraire, reprend le colonel, il emploie la ruse..., la trahison, ce qui est à redouter..., alors il n'y aura rien d'impossible qu'il puisse triompher. »

Cependant si la nouvelle en question n'a pas lieu de nous surprendre, elle ne nous cause pas moins une profonde émotion ; et pour moi, impatient de voir l'effet qu'elle a pu produire en ville, je me dispose à sortir.

Mais l'insistance de mon ami à me retenir auprès de sa famille, et sa promesse d'y aller ensemble après dîner, me décident à rester.

Il est près de deux heures lorsque nous sortons. Seulement, arrivés en face du café Richard, mon ami me quitte pour aller faire une visite.

J'entre dans le café où il doit venir me rejoindre.

Quoique la salle de cet établissement soit assez grande, et qu'il y ait encore derrière une terrasse qui peut contenir beaucoup de monde, je ne trouve pas moins ces deux pièces plus que pleines... et je devine facilement à l'effervescence qui y règne, qu'il y est question du coup d'État. Mais la chaleur s'y montre si forte, que ne pouvant la supporter, je me dispose bientôt après avoir pris part un instant aux conversations, aux discussions, à regagner la porte afin d'aspirer un peu l'air du dehors, quand tout à coup, ayant à peine fait quelques pas dans cette intention, je me vois refoulé ; et la cause de ce refoulement inattendu, est l'entrée du docteur Lachamp accompagné de quelques amis, qui vient annoncer qu'on est trahi par le Maire et le Conseil municipal qui ont envoyé chercher de la troupe à Billom et à Clermont, et que par conséquent, en présence d'un pareil acte..., on doit s'armer et se mettre immédiatement sur la défensive.

A cette nouvelle, tout le monde se lève simultanément, et comme pour ainsi dire électrisé..., et crie : aux armes ! oui il faut s'armer ! à bas le Conseil municipal ! à bas les traîtres...! à la mairie, à la mairie...! Et aussitôt tout ce qui est dans la salle, tout ce qui est sur la terrasse, s'émeut, s'agite, et sort précipitamment du café comme un ouragan de la tempête, les uns se dirigeant, et c'est le plus grand nombre, vers la mairie ; les autres vers divers quartiers de la ville, et il ne reste bientôt plus dans l'établissement si animé il n'y a qu'un instant, que trois à quatre personnes parmi lesquelles se trouve M. Goutte-Chervet qui me dit : Certes voilà un beau mouvement... ! Mais ils y vont de si bon cœur... que je crains fort quelqu'imprudence..., quelqu'acte fâcheux de leur part..., que l'exaltation du moment, moins que la méchanceté, fait quelquefois commettre, et que l'on regrette après.

Je partage les appréhensions de mon concitoyen, et je lui propose, s'il le veut bien, d'aller ensemble les rejoindre pour voir ce qui se passera, et intervenir surtout, si toutefois il allait se produire quelque chose de semblable.

M. Goutte accepte, et nous sortons aussitôt pour nous diriger à notre tour vers la mairie.

En y arrivant, nous voyons sur la place un grand nombre de personnes qui discutent, gesticulent, ou se précipitent dans le modeste édifice.

Nous jugeons à propos de nous séparer là, lui pour aller à la recherche du docteur Lachamp qu'il espère trouver au café Chalvon, où, me dit-il, doit se réunir un certain nombre de jeunes gens, et moi pour monter à la salle du Conseil où je ne pénètre qu'avec beaucoup de peine, parce qu'elle est envahie par une foule compacte qui demande à grands cris des armes au maire, alors M. Granjon, qui est en ce moment au fond de la salle, et entouré de quelques membres du Conseil.

Comme le tumulte est à son comble, et qu'il est impossible, au milieu du bruit qui se fait, de saisir une réponse du maire, j'engage mes concitoyens à se calmer, en leur faisant comprendre que c'est le seul moyen d'arriver à quelque bon résultat.

Mes paroles écoutées et comprises, on me livre aussitôt passage pour que je puisse parler moi-même au maire, auquel je fais observer que, pour apaiser sérieusement les esprits, il vaut mieux encore, s'il y en a, livrer les armes demandées, que de les refuser...

Au lieu de répondre à mon observation, le maire qui est tout troublé, et qui n'a pas compris le sens de mes paroles, s'écrie : Mais que veulent-ils donc ? — Ce qu'ils veulent... ? réponds-je à notre autorité locale, dont le langage et l'attitude peu rassurés font entièrement défaut à ses habitudes de vivacité et d'humeur très-autoritaires, qui lui avaient valu sous Louis-Philippe, alors qu'il était premier adjoint, le sobriquet de Gisquet, nom d'un des préfets de police les plus tracassiers de ce roi ; mais vous ne le comprenez donc pas ? ils veulent, ils demandent des armes pour défendre la Constitution violée... ! et se défendre eux-mêmes également contre la troupe que vous avez envoyé chercher, et qui doit arriver demain matin !

— Mais cela n'est pas, on vous a induit en erreur, s'écrie M. Félix Lasteyras, notaire, un des conseillers qui entourent le maire.

— Pardon, répliqué-je, je suis d'autant plus sûr de ce que j'avance, que je peux vous citer à la rigueur, le nom au moins d'un des personnages chargés de cette mission... M. de Néronde, notaire, qui est précisément la cause de ce qui arrive actuellement ici. Mais du reste, ajouté-je, me sentant plus vivement pressé par la foule qui devient de plus en plus grande et plus menaçante..., la question n'est pas là pour le moment. Et m'adressant de nouveau au maire auquel je répète ce que je lui ai déjà dit, je le prie instamment de donner une réponse pour en finir avec l'agitation.

Cette fois, M. Granjon qui a repris tout son sang-froid, s'exclame enfin qu'il n'y a plus une seule arme à la mairie, qu'elles sont toutes parties, et qu'on peut fouiller partout pour s'en assurer.

La foule, en demandant des armes au maire, croyait que ces armes qui avaient été retirées depuis peu des mains des gardes nationaux, censément pour être envoyées à St-Étienne afin d'être modifiées dans leur système, étaient restées au contraire, et d'après un bruit répandu, en dépôt à la mairie.

Mais on les avait fort bien fait enlever, et on a su plus tard qu'elles avaient tout bonnement été cachées dans une maison particulière.

Je m'empresse de transmettre à mes concitoyens la réponse du maire, que je crois sincère ; mais néanmoins, pour ne pas laisser subsister le moindre doute à ce sujet dans leur esprit, je prie trois à quatre des personnes présentes d'aller visiter à la hâte les différentes salles de la mairie.

Sept à huit minutes après nos concitoyens viennent nous annoncer qu'ils n'ont rien trouvé.

Alors me retournant vers la foule, je la prie de ne pas persister davantage dans ses réclamations. en ajoutant qu'ayant fait tout ce que le devoir nous commandait en pareille circonstance, nous pouvions nous retirer tranquilles, la conscience satisfaite.

Un oui unanime suivi d'un énergique cri de : vive la République...! accueille mes paroles, et tout le monde de dispose à sortir.

— Sapristi ! C'est bien ennuyeux tout de même de s'en aller comme ça... ! me disent en ce moment plusieurs jeunes gens qui sont près de moi, et dont la colère n'est pas entièrement apaisée ; un conseil réactionnaire comme celui-là mériterait bien d'être flanqué par les fenêtres... ! faut-il se mettre à la besogne ?

— Rien ne serait plus facile, réponds-je, mais autant nous devons chercher à nous rallier à un mouvement, sinon général, du moins un peu sérieux, autant nous devons éviter tout acte particulier, isolé, qui ne peut aboutir à rien, et puis après... il faudrait...

— Eh bien après, il faudrait quoi ? exclament-ils tous.

— Eh bien ! il faudrait les ramasser, ce qui ne serait pas déjà besogne si agréable..., ajouté-je en riant.

Cette dernière réponse les désarme complètement, et nous nous retirons la gaîté presqu'au cœur, mais me doutant fort peu pour mon compte que cet envahissement de la mairie sera attribué plus tard à mon initiative, comme on le verra.

Lorsque nous sommes dehors, je vois encore en face du modeste édifice un groupe d'hommes assez nombreux, du milieu duquel, un sabre soutenu par un long bras, s'élève et s'abaisse alternativement selon qu'il est plus ou moins tiraillé..., et qui me fait tout l'effet d'un télégraphe en mouvement.

En m'approchant du groupe pour observer de plus près ce qui s'y passe, je reconnais dans le propriétaire du long bras, le fameux Saint-Rame. un des plus zélés serviteurs... de la réaction, qui est aux prises avec quelques-uns de nos concitoyens auxquels sans doute il a voulu faire peur, qu'il a cherché à intimider..., mais devant lesquels il est obligé bientôt de battre en retraite, en laissant dans leur main un pan de leur habit, qu'ils ont déchiré.

— C'est bien le moins que nous gardions un morceau de sa veste, à défaut de sa peau que nous aurions pu endommager si nous avions voulu, et ce qu'il aurait bien mérité, le vilain chouan ! s'écrie en patois et en riant, un ouvrier qui montre la piécette de drap, en l'agitant en l'air en signe de triomphe.

— Ah... ! reprend-il en s'en allant, il avait bien deux compagnons avec lui, mais ils n'ont seulement pas fait mine de le défendre... le brave... citoyen !

Après la disparition du gendarme St-Rame, le groupe se dissout enfin, mais en poussant, cette fois, un si formidable cri de vive la République ! que les magasins, les boutiques qui avoisinent les plus la mairie, se ferment à l'instant même, les patrons étant saisis d'autant de frayeur, d'autant d'épouvante, que si ce cri était le signal de l'émeute et du pillage.

Ne voyant bientôt plus personne sur la place, je me retire à mon tour, mais au moment de rentrer au logis, je suis appelé par un de mes voisins, le citoyen Sauvagnat, qui me dit : Dans le cas que vous ne le sachiez pas, j'ai à vous prévenir que l'on s'arme à la porte Neuve, et que ce soir sur les six heures il doit se tenir une réunion chez le docteur Lachamp pour délibérer sur ce qu'il y a à faire.

— Bien, lui dis-je, je tâcherai d'y assister.

— Mais ce n'est pas tout, reprend mon voisin, j'ai encore à vous demander si vous êtes armé ?

— Pas le moins du monde..., réponds-je.

— Eh bien alors, continue-t-il en sortant de ses poches une paire de pistolets d'un assez bon calibre, prenez ces gaillards-là qui en cas d'attaque ou de lutte, pourront vous être de quelque utilité.

Ne sachant pas cependant ce qui peut arriver, quoique j'aie l'espoir qu'il ne se passera rien en ville qui puisse m'obliger à m'en servir, je me décide à les accepter.

Après avoir pris quelques instants de repos, je sors de nouveau pour me rendre chez le docteur Lachamp. Chemin faisant, j'ai l'idée d'entrer au café Richard afin d'y recueillir quelque nouvelle, si cela est possible.

Cinq à six membres seulement du cercle y sont en ce moment, entr'autres M. Goutay et son fils, ainsi que M. Passenaud, ils sont armés de leur fusil de chasse, et y attendent le résultat de la réunion. Sous le rapport des nouvelles ils ne sont pas plus avancés que moi. Je les quitte ensuite pour gagner au plus tôt le lieu de la réunion qui est une grande remise attenant à la maison qu'habite le docteur.

Lorsque j'y entre, près de deux cents personnes y sont déjà rassemblées. Ce sont la plupart des ouvriers parmi lesquels beaucoup de jeunes gens. Elles sont presques toutes armées. Mais leurs armes qui sont en général des fusils de chasse et de munition, en grande partie rouillés, des vieux sabres et des lances, voire même aussi quelques pioches, ne sont pas faites, malgré le courage et la bonne volonté présumés de ceux qui les portent, pour inspirer beaucoup de confiance dans l'issue d'une lutte avec une troupe régulière et bien disciplinée.

On y discute alors et tout naturellement la question de savoir si à propos de la venue de la troupe, on devra rester tranquille, ou faire de la résistance.

Après examen de notre situation qui est trouvée déplorable, n'ayant, en outre du mauvais état de nos armes, presque pas de munitions et de temps nécessaire pour nous organiser ; aucun appui, pas même celui de la plus petite ville de l'arrondissement, les campagnes ne comprenant pas encore assez tout l'intérêt qui se rattache à de semblables luttes ; ni la moindre nouvelle, soit de la presse démocratique, soit de nos principaux chefs et députés, toutes choses qui nous isolent par trop, et nous laissent par conséquent sans aucune force..., nous concluons à l'abstention, persuadés que marcher dans de semblables conditions, ce serait commettre une imprudence par trop grave qui, en faisant couler du sang inutilement, nous ferait maudire en même temps par les femmes et les enfants des victimes...! et à la grande joie encore... des réactionnaires.

Après cette décision qui est unanime, une voix s'élevant tout à coup du sein de la réunion, demande qu'on suspende immédiatement la séance, pour la reprendre après souper, sur les huit heures, afin de la consacrer par une plus mûre réflexion.

Cette proposition considérée comme très-raisonnable, étant acceptée, je me retire alors avec quelques amis. Mais à peine sommes-nous dehors, que nous voyons s'avancer vers nous plusieurs femmes suivies de leurs enfants, qui viennent, la désolation au cœur, et tout en pleurant, demander, chercher leur mari.

Le bruit avait déjà couru en ville qu'on allait se battre.

Nous parvenons, mais non sans peine, à les rassurer, en leur faisant espérer qu'il ne se passera rien de fâcheux, et que tout le monde restera tranquille. Elles s'en retournent aussitôt, contentes et presque joyeuses.

Je me hâte de prendre le repas du soir, et à l'heure convenue je me rends de nouveau à la réunion ; mais à mon grand étonnement, je trouve cette fois la porte de la remise fermée.

J'attends près d'une demi-heure, et ne voyant venir personne, je me décide à me retirer, très-intrigué de ce fait, et ne sachant à quoi l'attribuer.

Mais j'apprends bientôt au café Richard où j'entre de nouveau, que l'assemblée, à l'arrivée, un peu après mon départ, de Lachamp, est sortie non pour aller souper comme il avait été convenu, mais bien pour se diriger avec lui en tête, vers le faubourg Boulay.

Je prends à mon tour le même chemin, tout en me demandant ce que le docteur est allé faire au faubourg avec nos amis.

A mesure que j'en approche, je rencontre des gens qui m'affirment que c'est bien là en effet que se tiennent les républicains.

On me dit aussi, qu'en outre de cette troupe, on en a vu une autre un peu plus loin, sur l'ancienne route de St-Remy, et que l'on croit être des pompiers commandés par quelques bourgeois.

Cette nouvelle me surprend un peu, mais je ne m'en préoccupe guère, parce que je sais bien que si messieurs les pompiers sont toujours prêts à obéir à leurs chefs, en cas d'incendie, et même d'une bonne régalade.., ils ne le seraient pas du tout à propos d'une lutte à établir avec leurs concitoyens.

Lorsque je suis plus près du faubourg, je rencontre également M. Giraud-Provenchère qui, me dit-il, vient de quitter Lachamp sans avoir pu obtenir de lui, ce dont il est très-contrarié, une réponse sérieuse à l'égard de la retraite que commande notre fâcheuse situation.

J'exprime à mon concitoyen, après lui avoir parlé de ce qui s'est passé à la réunion, mon étonnement de l'attitude de notre ami, et je le quitte en lui annonçant que je vais le rejoindre dans le même but.

Et c'est préoccupé de cette idée, et tout disposé à faire observer au docteur, du moment que tout projet de lutte a été abandonné, à moins qu'il ait pris le parti contraire, qu'il expose trop en agissant ainsi nos concitoyens à des dénonciations, à des arrestations... qui ne manqueront pas de se produire à l'arrivée de la troupe..., que j'atteinds bientôt le faubourg de Boulay où je vois en effet les républicains qui divisés par groupes, boivent à la République avec autant d'entrain, avec autant d'enthousiasme que si elle était victorieuse... !

Ma venue est saluée par de nombreux vivats..., et après avoir choqué le verre selon l'habitude du pays, je me fais conduire auprès de Lachamp qui est en ce moment dans une maison voisine, au milieu de quelques amis avec lesquels il s'entretient.

Le docteur Lachamp était un homme d'assez haute taille et d'une constitution assez forte. Sa physionomie, sans être belle, était très-virile et ne manquait pas d'une certaine expression d'intelligence ; il avait les cheveux et la barbe noirs, et il portait cette dernière pleine ; il pouvait avoir alors de 36 à 38 ans.

Très-affable, très-doux, malgré son extérieur d'homme d'action, et surtout bon médecin, il avait pu se créer avec ces qualités une nombreuse clientèle parmi les fabricants et les ouvriers de notre ville qu'il habitait depuis quelques années, ce qui lui avait permis par la suite, et lorsqu'il s'y était rallié, d'acquérir une certaine influence dans le parti démocratique du pays ; je dis lorsqu'il s'y était rallié, parce que dès les premiers temps de son installation à Thiers, il s'occupait peu de politique, et semblait, par ses habitudes, par ses fréquentations avec le clergé, appartenir plutôt au parti clérical.

Dès qu'il m'aperçoit, il s'empresse de venir à moi, et pressentant sans doute le motif qui m'amène, il me prend à l'écart, et me dit qu'il approuve ce qui a été décidé à la réunion à laquelle il a regretté de n'avoir pu assister jusqu'à la fin. Seulement, reprend-il, tout en étant de votre avis, j'ai voulu avant de congédier notre monde, venir faire un tour ici pour prendre connaissance des nouvelles que nous donnera probablement en passant la diligence qui va de Clermont à St-Étienne, et, ajoute-t-il, c'est ce qui m'a fait résister aux conseils de Giraud que j'ai vu il n'y a que quelques instants.

—Je l'ai rencontré, lui dis-je.

—Ah ! très-bien..., eh bien, dit-il, s'il n'y a rien à espérer des dernières nouvelles, comme j'en ai l'appréhension, alors je n'aurai plus qu'une seule chose à faire..., qui sera de chercher à me réfugier en Suisse où je resterai pour y exercer mon état, ou de passer en Angleterre s'il y a trop-plein en Suisse, parce qu'à l'heure qu'il est il doit y avoir certainement quelque mandat d'amener lancé contre moi par notre fameux préfet, non-seulement à cause de mon attitude actuelle, mais plus encore peut-être pour le motif que vous savez.

Ces derniers mots font allusion à un charivari qu'il avait fait donner à celui-ci, lors d'une visite toute récente à Thiers, mais que beaucoup de républicains n'avaient pas approuvé. Je réponds à Lachamp que cela se pourrait bien, la réception en question ne devant pas être oubliée. — Je n'en doute pas, continue Lachamp, et je crois même que si j'étais arrêté en ce moment, je serais fusillé... !

— Oh... oh... dis-je à mon tour, cela serait-il possible...? Généralement on ne fait guère fusiller que les hommes pris les armes à la main, ayant déjà fait le coup de feu ; et encore, lorsqu'ils attaquent un gouvernement bien établi.

— Oui, sans doute quand vous n'avez pas contre vous deux passions qui ne plaisantent guère, la haine.. et la jalousie...! Or, vous le savez, j'ai ces gaillardes-là sur le dos, à Clermont et ici. Seulement, reprend Lachamp un peu ému, je crois fort que celles d'ici, représentées et chauffées par mon très-cher... collègue Malmenaide, sont les plus mauvaises... et, continue-t-il en me serrant vivement la main, je souhaite que vous ne finissiez pas bientôt par vous en apercevoir... vous même... et que... ici le docteur ne peut plus continuer, étant interrompu par le bruit d'une voiture qui n'est autre que celui de la diligence attendue. A sa vue, tout le monde se précipite aussitôt vers elle, l'entoure et demande, qui au postillon, qui aux voyageurs, des nouvelles de Paris et de Clermont,

Mais la réponse générale n'est que la confirmation du coup d'Etat dans le plus mauvais sens du mot, et l'annonce du plus grand calme à Clermont.

Néanmoins, malgré la pénible impression que cause cette réponse, la diligence en partant, est saluée par un dernier et formidable cri de vive la République...! qui retentit fortement et avec un puissaut écho dans les gorges de Margeride...

Lorsqu'elle a disparu, tous les groupes se rassemblent et n'en forment plus qu'un seul dans lequel on décide, du moment que tout espoir est perdu, que tout est fini, que chacun doit se retirer tranquillement chez lui.

Quelques instants après cette détermination, un silence de mort succède au mouvement, à l'agitation qui ont animé si fort pendant toute la soirée, le faubourg de Boulay, à ce point qu'on aurait cru y voir une grande fête, et il ne reste bientôt plus dans la rue que Lachamp, deux ou trois de ses amis et moi.

—Allons... me dit-il en me serrant de nouveau la main, je n'ai plus à m'occuper maintenant que de ce dont je vous ai parlé, et comme je ne veux pas encore gagner la maison, je vous dis adieu... et à des temps meilleurs !

Je réponds tout ému aux adieux du docteur, et nous nous séparons pour ne plus nous revoir, car notre malheureux concitoyen et ami est destiné à aller plus loin qu'il ne pensait... en Amérique..., où après deux ans de séjour il doit succomber à la fièvre jaune..., et laisser dans la désolation... sa femme et son enfant qui étaient allés le rejoindre.

Je ne sais si c'est un pressentiment de tout ce qui doit arriver, mais toujours est-il qu'en me retournant, j'éprouve un vif serrement de cœur, que je rentre en ville, tout attristé... et presque désolé.

CHAPITRE II.

Le lendemain de cette agitation, agitation toute naturelle quand il s'agit du changement de la forme d'un gouvernement, surtout lorsqu'il est produit par un coup d'Etat, la troupe demandée, qui est composée de cavalerie et d'infanterie, arrive en effet, et de bonne heure. Seulement à son entrée dans la ville, elle y trouve une tranquillité, un calme si parfaits, qu'elle hésite à avancer davantage, croyant un instant, tellement les rapports faits par les réactionnaires ont été exagérés, à quelque piège... et elle ne se rassure complètement que lorsqu'elle atteint sans incidents fâcheux notre rempart..., et notre mairie... entourée à peine de quelques curieux.

Alors... il apparaît sur les lèvres des soldats un sourire peu flatteur pour le courage... de ceux qui les ont fait prévenir.

Néanmoins, rendus audacieux par cet appui de la force, les autorités et les principaux meneurs de la réaction se mettent activement à l'œuvre..., et vont même au-delà de ce qu'on pouvait redouter.

Ainsi, on envoie d'abord le jour de son arrivée, et en lui laissant à peine le temps de se reposer, la cavalerie, qui est un détachement de chasseurs, battre la campagne, du côté de la montagne qu'on dit bouleversée par les républicains.

Mais la course est inutile, comme on le pense bien, et les chasseurs n'ayant vu partout que le silence le plus absolu, comme à leur arrivée en ville, ne peuvent s'empêcher, en revenant le soir sans le moindre prisonnier, transis de froid, harassés de fatigue, et avec leurs chevaux pouvant à peine descendre les côtes glacées..., de maugréer contre la couardise des autorités.

Ensuite, on fait arrêter en même temps en ville, par l'infanterie, un certain nombre de républicains parmi lesquels se trouvent les citoyens Vedel-Souche, graveur, père d'une nombreuse famille, Nourisson, Gauthier, Chauffréat, Fonlut, Besson, Caburot (Louis), Chassaigne, médecin de Châteldon, Beaufort, propriétaire, etc., et qu'on s'empresse de faire conduire le lendemain, enchaînés et placés entre deux haies de soldats, comme des criminels, à la prison de Clermont.

Au moment du départ qui a lieu sur les dix heures du matin, une foule de gens se tient sur leur passage, au rempart, les uns pour avoir la satisfaction de les voir emmener, les autres, et c'est le plus grand nombre, pour leur adresser au contraire un amical et muet adieu.

Au pont du Moutier il y a encore plus de monde, et l'adieu y est non-seulement plus animé, mais encore... accompagné de nombreux cris de : Vive la République ! qui font tressaillir la troupe.

Un des cris est même si énergique, qu'un officier, sans doute irrité de la commotion qu'il en a éprouvée, se jette tout effaré sur le premier jeune homme venu pour l'arrêter, et l'emmener avec les autres. Mais sur les instances et les réclamations de plusieurs personnes qui ont eu la bonne idée d'affirmer que le vrai coupable s'est enfui, il finit par le relâcher.

A partir de ce jour les arrestations deviennent très-nombreuses, et la prison de Thiers est bientôt encombrée de détenus.

Une des plus pénibles à constater, et qui fait sensation dans la ville, est sans contredit celle de l'avoué Prunet qui s'était réfugié dans les montagnes de Saint-Victor où il se croyait en sûreté, et qui pris par le garde champêtre et deux de ses affidés est conduit à la prison, les bras et tout le corps garrottés de cordes comme le plus vil des scélérats ! Ensuite les héros de ce bel exploit consacrent l'argent qu'ils en ont reçu à faire bombance, et on devine de quelle façon !

Parmi les poursuites, mais qui n'ont pas abouti, la plus acharnée est celle de Lachamp. Non-seulement il est serré de près par les gendarmes qui ne font qu'obéir... eux... à un ordre ! mais encore par des gens de la bourgeoisie dont par respect pour leur famille je m'abstiens de dire les noms, et qui sont poussés contre lui par un tel désir de vengeance..., ce qui prouve qu'en parlant de haine et de jalousie, le docteur n'avait pas exagéré, — qu'ils vont, pour le prendre, jusqu'à fouiller à Saint-Remy dans des maisons particulières, et principalement dans celle de la famille Chomette.

Les inquisiteurs n'auraient certes pas mieux fait !

Et c'est à propos de cette poursuite, qu'un de nos honorables concitoyens de cet endroit, le docteur Omerin, homme d'un caractère très-paisible et s'occupant peu de politique, est jeté en prison où il reste près d'une quinzaine de jours enfermé, pour l'avoir qualifiée, dans un moment d'indignation, d'acte d'arbitraire..., de sauvagerie.

Et sa femme qui est devenue folle de terreur... à la suite de son incarcération, meurt peu de temps après.

Les arrestations continuent, et avec d'autant plus d'activité qu'elles sont provoquées par la presse réactionnaire, et surtout par les mensonges ignobles du journal *la Patrie*... qui va jusqu'à prétendre que le lendemain de l'insurrection de Thiers..., j'aime beaucoup le mot insurrection ! des hommes et des femmes de Saint-Remy et de Châteldon y sont venus en masse, les uns avec de grandes hottes, les autres avec d'amples tabliers..., pour y prendre et emporter le butin .. pillé !

Et beaucoup de gens croient... on plutôt feignent de croire à ce pitoyable canard !

Les nouvelles que nous recevons de Paris sont toujours très-mauvaises. Elles nous rappellent les paroles du colonel Charras qui ne se sont que trop confirmées, et dont nous apprenons l'arrestation opérée... on sait comment ! ainsi que celle d'un de nos concitoyens de Thiers, M. Geniller, alors un des propagateurs les plus actifs des principes démocratiques, et dont parle Garnier-Pagès dans son *Histoire de 1848*.

Celles qui nous parviennent également de nos différents chefs-lieux d'arrondissement ne sont pas plus rassurantes. A Clermont aussi beaucoup d'arrestations, et le départ pour l'exil des principaux rédacteurs de l'*Eclaireur républicain*, Vimal-Lajarige, Fontmarcel, etc. Enfin, en général, les choses vont d'un si bon train dans cette voie que les républicains les plus modérés, et même beaucoup de ceux qui ne le sont pas, mais qui ont fréquenté les républicains, commencent à craindre pour leur propre sécurité !

Cette rage de persécutions... m'amène à réfléchir sur ma propre situation, et à m'étonner même que, en considération de la propagande active que j'ai faite à l'avènement de la République, soit par la parole, soit par les journaux — j'en faisais distribuer à la ville et à la campagne, et au moyen de cotisations, parfois près de 2 à 300 numéros par semaine, — mon tour d'être appréhendé au corps ne soit pas encore venu !

Mais mon étonnement doit bientôt cesser, et je n'aurai rien perdu pour... attendre, car sept ou huit jours après les premières arrestations, je reçois, un jour, ainsi que mes concitoyens Goutay et Giraud-Provenchère, au moment où réunis avec quelques autres membres du cercle du Commerce qui ne va pas tarder à être fermé, nous faisons des conjectures sur ce qui peut encore arriver, — avis d'un mandat d'amener.

Il nous est donné par un de nos amis, M. Pine-Vaurice, qui le tient de bonne source, et qui nous engage en même temps avec insistance à nous mettre à l'écart.

— Se cacher... pour n'avoir fait aucun mal, c'est un peu fort..., répondons-nous.

— Oui, sans doute, reprend notre ami, mais être emprisonné..., c'est encore bien plus désagréable, surtout lorsqu'il y a, comme en ce moment, trop-plein dans la prison !

Et il nous apprend aussi qu'en outre de nos mandats d'amener, il y en a bien d'autres de lancés, dont il nous cite quelques noms qui sont ceux des citoyens Goutte-Chervet, Greliche-Bouchet, Gaudissier, Guérin-Chaput, Châtelet-Lhéraud, Lhéroux-Fafournoux, Vauzy-Chrétien..., etc.

Allons... ça va bien !... nous écrions-nous, stupéfaits de tant de violence. Mais quoi que nous puissions dire. et puisque tant d'autres personnes sont déjà sous clef pour les mêmes... motifs, nous n'avons en effet qu'à nous résigner et à dissimuler... nos personnes !

— Pour moi, dit M. Giraud, mon parti est déjà pris. Je vais tout bonnement et dès ce soir me réfugier à la campagne de mon beau-père où je resterai jusqu'à nouvel ordre, et où je vous engage, ajoute-t-il en s'adressant à moi, à venir, si cela vous convient.

J'accepte volontiers la proposition, et je promets d'aller le rejoindre à la nuit tombante.

Lorsque je quitte mes amis, et tout en cheminant pour regagner mon domicile, je ne peux m'empêcher de reporter ma pensée sur les tristes effets du coup d'Etat..., et je m'indigne de voir notre malheureux pays livré à l'ambition la plus effrénée..., et qui va jusqu'au crime !

Et n'est-ce pas un crime que de renverser par la force... brutale un gouvernement légalement établi, ayant pour lui l'assentiment de la nation exprimé par le suffrage universel, et une Constitution qui ouvre largement la porte au progrès intellectuel, politique et social ?

Et n'est-ce pas un crime que d'envahir au milieu de la nuit le domicile d'un citoyen..., de lui annoncer, le pistolet au poing, après l'avoir réveillé en sursaut, qu'il va être jeté en prison, et perdre en un instant un grade, un emploi, une position qui lui ont demandé beaucoup de temps, beaucoup de travail, pour être acquis..., et cela sans avoir commis le moindre acte agressif !

Et n'est-ce pas un crime, et des plus affreux, que de faire fusiller... exiler, emprisonner, transporter que d'arracher impitoyablement à l'affection de leur famille, aux intérêts de leur commerce ou de leur industrie, des gens qui n'ont eu d'autres torts que de ne pas manifester les mêmes idées politiques, ou d'avoir blâmé un acte violent ou injuste !

Et je me demande ce que deviendrait notre pays si à chaque changement de gouvernement pareilles choses se produisaient ?

Mais malheureusement il est des gens auxquels tout cela importe peu !... qui n'envisagent que le but à... atteindre et auprès de ces gens-là... les mots d'honneur, de dignité, ceux également de trahison, de dissolvant de la moralité d'un peuple... n'ont aucune valeur ! Et pourtant beaucoup font, ou affectent d'avoir de la... religion !...

La nuit venue, je vais rejoindre M. Giraud que je trouve au milieu de sa famille... toute désolée, et dont nous parvenons cependant à calmer l'inquiétude.

Peu après, nous prenons le chemin de Madière, nom de la campagne en question, qui n'est guère éloignée de la ville, et où nous arrivons vers les huit heures du soir.

Mais comme elle est isolée, et de plus envahie par la neige, ce qui n'est pas gai, nous nous décidons à la quitter le lendemain pour aller à Olmet, gros bourg situé à une vingtaine de kilomètres plus loin, en pleine montagne, et où habite M. Giraud-Défarge, père de M. Giraud-Pine, et cousin de mon compagnon d'infortune.

— Là, du moins, lui dis-je en partant, nous aurons dans la personne de notre ami un tiers qui fera une agréable diversion à notre fâcheuse situation, et encore, ce qui n'est pas à dédaigner, un plus vaste appartement qui nous permettra de prendre quelqu'exercice sans être ob'igés de sortir.

Nous marchons pendant cinq bonnes heures, tantôt montant, tantôt descendant, dans des sentiers étroits, et toujours à travers la neige, pour gagner Olmet que nous atteignons enfin vers une heure, mais exténués de fatigue, et menacés de la fringale..., parce que avant notre départ nous avions commis la sottise de ne prendre presque rien.

En entrant dans la maison de M. Giraud, nous le trouvons à table en compagnie du curé.

Ma présence, ou plutôt mon arrivée ne le surprend guère, parce que j'ai l'habitude d'aller passer de loin en loin une quinzaine de jours auprès de lui, mais celle de son cousin qu'il ne voit pas souvent à Olmet, a tout lieu de l'étonner.

Aussi, tout en se levant avec le plus grand empressement pour nous recevoir, m'interroge-t-il du regard avec inquiétude.

Je lui fais comprendre de la même manière qu'il y a en effet du nouveau.

— Allons, mes chers amis, nous dit alors M. Giraud en nous offrant des sièges, et sans avoir l'air d'être préoccupé le moins du monde, votre visite me fait véritablement plaisir..., mais avant tout, et nous causerons après, il faut reprendre des forces..., remonter votre estomac... qui doit en avoir rudement besoin !

Mon compagnon se contente d'un verre de vin, préférant aller se reposer avant de manger.

Pour moi, c'est tout le contraire, et c'est avec la plus grande satisfaction que, après avoir serré amicalement la main du curé Fafournoux qui ne se montre pas trop ennemi des républicains, je plonge ma fourchette dans une tranche de jambon aux choux qui fait plaisir à voir... et qui doit le faire... encore plus à absorber.

En ce moment, M. le curé qui a fini de dîner, demande à se retirer, en disant qu'il a à faire, et qu'il nous reverra dans la soirée.

Quoique je lui affirme qu'il n'y a de sa part aucune indiscrétion à entendre ce que je peux dire à M. Giraud, il persiste et sort.

Quelques instants après, et lorsque la lassitude, la fatigue se sont un peu dissipées, je raconte à mon ami tout ce qui s'est passé à Thiers depuis une huitaine de jours.

— Hé bien ! s'écrie le brave homme tout stupéfait et tout indigné à la fois, tu m'en apprends de belles ! Mais il n'est pas possible que tout cela puisse durer ! C'est ignoble et affreux ! Allons, allons, vous avez bien fait de venir ici, où, en attendant qu'un apaisement se produise, vous me tiendrez compagnie, et vous m'aiderez à combattre les ennuis du mauvais temps. Mais, reprend-il en se levant, c'est assez parler pour le moment, et comme tu dois être encore pas mal fatigué, je t'engage à suivre l'exemple de mon cousin. Pendant ce temps, je vais faire un tour dans le village pour voir ce qui s'y passe.

— Bien, lui dis-je, seulement avant votre sortie j'ai à vous demander une réponse à cette question : le coq est-il toujours debout ?

— Comment... le coq ? De quel coq veux-tu donc parler ?

— Eh ! parbleu... de celui qui orne si crânement le fronton de l'église, et que les gens de la campagne aiment tant à regarder en entrant dans le bourg.

— Ah ! ah ! j'y suis, je comprends !... Oui, oui, il est encore à sa place, répond M. Giraud en riant, mais j'ai bien peur pour lui... après ma démission de maire que je vais donner de suite, en considération de tout ce que tu viens de m'apprendre.

Le coq en question était celui qui faisait partie du trophée des armes de la République, que j'avais peint en 1848 sur la principale façade de l'église, dans un format assez grand pour qu'il pût se voir de loin et produire un bon effet. Le curé lui-même m'en avait fourni le modèle vivant, et le plus beau de sa basse-cour.

Comme le repos que j'ai pris m'a assez bien réconforté, je préfère, au lieu de suivre le conseil de mon ami, rester auprès d'un bon feu où M. Giraud-Provenchère qui a achevé son somme, vient me rejoindre.

Mais à peine a-t-il payé à son tour un tribut à l'estomac, que nous entendons passer sous les fenêtres du salon où nous nous tenons plusieurs femmes qui accompagnées de quelques enfants chantent à tue-tête ce singulier refrain, bien fait pour nous inspirer un sourire de pitié :

Vive Napoléon
Qui nous fera du bien,
Nous donnera pour rien   Vive Napoléon ! Vive Napoléon !
Du lard et du jambon.

Presqu'au même instant nous voyons entrer M. Giraud-Défarge dont les allures sont celles d'un homme très-contrarié, et qui nous apprend que le bruit court déjà dans le village que son cousin y est venu pour se cacher, ce qui y cause une certaine agitation, dont le chant si cocasse que nous venons d'entendre est une preuve par trop évidente ! Et il l'engage, pour éviter toute espèce de désagréments, à aller chez son frère, aux Granges, propriété qui n'est entourée d'aucuns voisins, et où il sera pour ce motif plus en sécurité.

Quoique cette proposition soit très-engageante et puisse nous tirer d'embarras, mon compagnon, que cet incident imprévu et fâcheux irrite fortement, et dont je ne suis pas satisfait non plus, parce qu'il fait crouler mon petit rêve de quelques jours de tranquillité et de distractions, ne veut pas l'accepter, et préfère au contraire retourner à Thiers.

La nuit venue, et malgré la fatigue du matin dont nous nous ressentons encore, nous nous remettons en route, et après avoir pataugé de nouveau, c'est le mot, pendant deux bonnes heures dans la neige, tout en assaisonnant notre course, ce qui nous la fait sembler moins longue et moins pénible, de force réflexions philosophiques sur les vicissitudes humaines..., nous arrivons enfin à Courpière où un ami, M. Dumas-Giraud, nous procure une voiture pour Thiers, et nous y sommes de retour vers les onze heures du soir.

A partir de ce moment je ne vois plus mon compagnon d'infortune, qui plus tard doit être interné à Roanne, qu'après l'amnistie du 13 février 1853.

Mon premier soin, revenu à Thiers, est de trouver le moyen d'y rester sans être inquiété. Pour cela, il faut que je puisse travailler et vivre en m'abstenant de sortir, surtout pendant le jour.

Ce moyen, M. Dufaud-Bertuka, un de mes amis d'enfance qui tient alors le café de la Terrasse-du-Rempart, et dans la maison duquel j'ai mon atelier où je peux coucher, s'empresse de me le procurer, en me donnant de l'occupation et en m'offrant sa table.

Rassuré sur ce point, et après avoir fait courir le bruit que je suis parti pour la Suisse, je peux dès lors jouir d'une certaine tranquillité, faire chaque soir, lorsque la nuit est venue, une sortie, et aller prendre comme compensation à ma retraite du jour quelques distractions, soit chez mes parents, soit chez mes amis.

Quoique ma retraite me loge quelque peu à l'enseigne du hibou, de la chauve-souris..., elle m'est rendue néanmoins très-supportable par l'attrait de mon travail qui est la peinture, par la vue de la vaste et magnifique plaine de la Limagne et du Puy de Dôme que je peux contempler dans mes moments de loisir, à travers les persiennes de mes fenêtres, et par celle de la Terrasse qui est très-fréquentée par les passants.

C'est ainsi qu'un matin, pendant que j'admire cette belle vue, je surprends ces quelques mots d'une conversation qui a lieu entre le procureur impérial et des juges d'instruction qui se rendent à leur domicile :

« Je vous dis, moi, exclame le premier qui est le fameux Monteil, un grand sec monté sur ses jambes comme sur des échasses, et un des plus mauvais réactionnaires de la ville, qu'il n'y a pas moyen d'en finir avec ces gens-là... (les républicains bien entendu) que de les déraciner du sol ! .. Et à propos... reprend-il vivement, savez-vous si M. Giraud-Provenchère a vendu son étude ? Parce que dans le cas contraire, on pourrait... il faudrait... » Je ne peux en entendre davantage à cause de l'éloignement des deux personnages, mais ce que j'ai saisi de cet intéressant... entretien a suffi pour m'éclairer sur les sentiments de ce singulier ami de l'ordre !... qui se montre si respectueux de la propriété ! sentiments qui seront honorablement... récompensés par l'emploi, par le titre de conseiller à la Cour de Riom, qui va bientôt lui être octroyé !

Quelque temps après j'ai l'occasion d'en entendre un autre d'un genre bien différent, que son originalité m'engage à rapporter, et qui a lieu entre cinq à six personnes, à propos des stores que M. Dufaud vient de faire placer à la devanture de son café, et que je lui ai peints.

— Tenez, voyez, dit M. Blay, un des employés de la sous-préfecture, en montrant un de ces stores qui représente, de profil et de grandeur naturelle, un dragon de la première République appuyé sur sa latte, ne trouvez-vous pas que cette figure ressemble à quelqu'un d'ici ?

— Certes, oui ! s'écrie l'une d'elles ; c'est le peintre. Et il prononce mon nom.

— Cependant, reprend-elle, ça ne devrait pas être lui, puisqu'il est en Suisse.

— Cela n'y fait rien, dit un autre. Il a bien pu les peindre là-bas, et les envoyer ensuite ici.

— C'est évident, répondent-ils tous en chœur, et en affirmant que c'est bien mon portrait, ce qui chatouille agréablement l'épiderme de ma sensibilité !... Ce qui me permet en même temps, ce qui m'est non moins agréable, d'apprendre, d'avoir l'assurance qu'on croit bien que je ne suis plus à Thiers.

En dessinant cette figure j'avais essayé en effet de lui donner quelques-uns de mes traits, mais sans oser espérer cependant qu'ils seraient reconnus, ou qu'on y ferait la moindre attention.

Les péripéties, les incidents de toutes sortes qui se sont succédé depuis le jour du coup d'Etat, nous ont mené rapidement au 20 décembre, vers celui du fameux plébiscite par oui et par non, que l'on sait !

Le soir de ce jour-là je sors comme d'habitude, et j'apprends bientôt que les oui ont dépassé de beaucoup les non, ce qui ne m'étonne guère, les persécutions n'ayant cessé de continuer !... la terreur étant toujours en permanence ! Ainsi, ce jour-là, non-seulement on a cherché à intimider, non-seulement on a menacé, mais encore on est allé jusqu'à arrêter !...

Oui, on a fait saisir brutalement... pour être jeté impitoyablement en prison, un citoyen très-honorable, M. Chalvon-Girard, ainsi que quelques personnes dont les noms m'échappent, pour avoir conseillé de voter... non, à des électeurs qui demandaient leur avis !

Et si M. Maret, pharmacien, homme paisible s'il en fut jamais, évite cette peine qu'on voudrait bien lui faire subir aussi, parce qu'il s'est permis de dire quelques mots en faveur de la liberté, c'est grâce à sa pharmacie qu'on n'ose cependant pas faire fermer, se trouvant seul pour la servir...

Et ce qui s'est passé à Thiers a eu lieu également presque partout, si bien que ce vote si consciencieux... ne produit pas moins son précieux effet... qui est celui de confirmer aux yeux des bonapartistes le coup d'Etat, et de donner par conséquent à leur parti plus de force, plus de prestige ! deux choses qui déterminent dès lors à s'y rallier des hommes ambitieux qui, jusque-là, par crainte ou par prudence, étaient restés à l'écart.

Deux personnages de notre département, dont l'un de Thiers, qui a été maire de Paris et député sous Louis-Philippe ; dont l'autre de Riom, qui s'est fait nommer représentant en 1848, en se posant comme républicain, suivent ce mouvement... de girouette ! et deviennent, le premier immédiatement préfet de la Seine, et le second, un peu plus tard, ministre !...

— Eh ! mon Dieu... que voulez-vous ? répondaient avec une sainte componction de condoléance certaines bonnes âmes, quand on critiquait quelquefois ces Messieurs, ils avaient, les chers..., des fils... des neveux à... caser !...

Quelques jours après ce nouvel événement politique je reçois au moment de me mettre au lit, sur les onze heures du soir, une visite qui me surprend beaucoup. C'est celle de trois jeunes gens de la commune de Celles, qui viennent me voir, disent-ils, pour me demander si étant pris ils seraient fusillés, et en ajoutant que dans le cas contraire ils préféreraient se rendre, plutôt que de continuer de se cacher dans les bois, souffrant du froid et de la faim, comme ils le font depuis quelque temps.

Je suis véritablement ému de ce que m'apprennent ces jeunes gens, et comme je vois bien à leur extérieur, à leur allure, qu'ils ne sont pas capables d'un acte mauvais, je leur demande en souriant s'ils ont pillé, blessé ou tué quelqu'un.

— Oh ! certainement non, et nous n'avons pas même touché à une seule arme ! Seulement, reprennent-ils, nous avons assisté il y a quelques jours à une réunion de citoyens qui a eu lieu à Celles, quand M. Lachamp et M. Jean-Jacques Chomette y sont venus, et dans laquelle on a décidé de sonner le tocsin qui n'a abouti qu'à produire un peu d'agitation dans le village.

Au lieu de partir le lendemain de notre entrevue, comme il me l'avait annoncé, le docteur Lachamp se raccrochant sans doute encore à quelque espoir, avait parcouru plusieurs villages, cherchant, mais en vain, à ranimer les esprits, et Celles avait été sa dernière visite.

La réponse de ces jeunes gens ne m'annonçant rien de grave, comme je m'y attendais, je m'empresse de les tranquilliser, de les dissuader surtout de toute crainte de fusillade. Je les engage ensuite à rester tout bonnement chez eux, à y reprendre leur travail et à s'y laisser arrêter, si toutefois il y a un mandat d'amener contre eux, ce qu'ils ignorent, plutôt que de se livrer.

Ils me quittent presque heureux d'être débarrassés du terrible cauchemar qui les tourmentait, et en me serrant affectueusement la main.

J'apprends plus tard qu'ils n'ont pas même été inquiétés.

CHAPITRE III.

Près de cinq semaines se sont écoulées depuis le 20 décembre sans qu'aucun incident fâcheux, soit poursuites, soit arrestations, soit de nouveau survenu ; et on commence à croire que la paix va enfin succéder à la discorde, et que le gouvernement est décidé à prendre une marche plus régulière, inaugurée par une large amnistie.

Ce qui achève de donner cet espoir, c'est l'annonce faite par quelques journaux de Paris de l'envoi du colonel Canrobert à Clermont comme commissaire du gouvernement, chargé d'une mission pacifique, c'est le mot employé, et l'ordre expédié par leur chef de filo, aux sous-préfets du département, d'engager tous les républicains qui sont encore sous le coup d'un mandat d'amener à se rendre, le lundi 7 mars, à huit heures du matin, à la Préfecture, pour y recevoir verbalement leur mise en liberté.

Tout le monde se réjouit d'une pareille nouvelle, et moi-même je prends part volontiers, sur le moment, à cette réjouissance. Cependant, la réflexion survenant bientôt, je me demande si, en considération des hauts exploits... du parti bonapartiste depuis qu'il est au pouvoir, cette invitation n'est pas plutôt un bel et bon piége tendu à notre bonne foi pour mieux nous prendre ; que la communication sérieuse d'une amnistie qui d'ordinaire, lorsqu'elle doit se produire, est publiée d'avance par la presse ; et, persuadé de plus en plus par ce raisonnement que le bon sens et la logique me dictent, je prends le parti de ne pas saisir la balle au bond. Mon père, à qui je fais part de mon impression, ne l'approuve pas, parce que, ancien soldat du premier Empire, et plein encore des souvenirs de son prestige, il ne peut croire, malgré ce qui s'est déjà passé sous le second, qu'un empereur puisse tromper son peuple !... Et, ayant toute confiance, au contraire, dans la circulaire du préfet, il m'engage fortement à me présenter à son subordonné, à qui il a dévoilé mon séjour à Thiers, et qui, ajoute-t-il, désire beaucoup me voir.

Je fais observer à mon père qu'il est allé un peu vite en besogne... Mais, ne voulant pas combattre davantage sa crédulité et curieux, du reste, de juger par moi-même de l'attitude, du langage du sous-préfet en cette circonstance, je lui réponds que j'irai faire une visite à ce monsieur.

Qu'elle soit sincère ou non, l'invitation du préfet nous donne toujours deux ou trois jours de répit, dont je m'empresse de profiter pour sortir un peu et voir quelques-uns de mes concitoyens qui, me croyant loin d'eux, sont très-surpris de ma présence et me félicitent de notre prochaine mise en liberté.

Le lendemain matin, qui est un samedi, je me rends, en effet, à la sous-préfecture, où je suis reçu avec le plus grand empressement par le maître du lieu, qui me dit, en se frottant vivement les mains : « Mon cher monsieur, je suis fort aise de vous voir, parce que je tenais beaucoup à vous recommander moi-même de profiter de la bonne nouvelle que vous savez, et de vous rendre, comme il est convenu, lundi matin à la préfecture. »

Je remercie M. Laréguy — c'est le nom de l'autorité en question — de ses bonnes... intentions pour moi, en feignant un grand contentement.

Ma réponse provoque un nouveau frottement de mains, accompagné de ces paroles : « En vérité, Monsieur, je suis réellement heureux de vous être agréable !... et je ne puis que renouveler, dans votre intérêt,... ma recommandation !... »

Décidément, le langage du sous-préfet, ses frottements de mains surtout, sont par trop doucereux et par trop prodigués... pour ne pas être suspects ! Aussi, pour sonder ses vrais sentiments, lui dis-je, après avoir manifesté encore ma satisfaction d'une si bonne réception,... que je suis étonné cependant... qu'on nous oblige, pour recevoir avis simplement de notre mise en liberté,... à faire un semblable voyage.

Cette observation, à laquelle il ne s'attendait pas, le surprend en effet et lui fait immédiatement monter au visage une petite teinte rouge... qui suffit... pour me convaincre de ma suspicion, quoique, reprenant prestement son aplomb, il ajoute vivement : « Ah! mon cher monsieur,. . il n'y a rien là d'étonnant !... et c'est tout bonnement à mes yeux une gracieuseté... de la part de M. le Préfet, qui veut vous confirmer lui-même cette bonne nouvelle !... »

La riposte est assez habile !... mais elle ne me rassure pas néanmoins, grâce... à la petite teinte rouge! Aussi, mon parti est bien pris, plus arrêté que jamais, de ne pas aller à Clermont. Seulement, en quittant mon homme, je lui affirme, en le saluant d'un air le plus gai possible... en même temps que narquois, que je ferai tout mon possible... pour suivre ses bons... conseils !

Dans la soirée, je m'empresse d'aller voir plusieurs de mes amis pour les dissuader de partir. Mais, malgré les bonnes raisons déjà connues que je leur donne; malgré le mauvais effet qu'a produit sur mon esprit ma visite au sous-préfet que je leur raconte; malgré encore la crainte que je leur exprime, d'un désir de vengeance personnelle de la part du préfet à propos de sa mauvaise réception à Thiers, dont je leur rappelle le souvenir, et que n'avait pas oublié le docteur Lachamp, ils persistent quand même dans leur projet de voyage. Un seul, M. Vauzy (Chrétien), est un peu ébranlé par mes raisons, et convient qu'on puisse éprouver quelque défiance. Cependant, il est décidé à aller également à Clermont, mais avec l'intention de se présenter à la préfecture que lorsqu'il aura su ce qui s'y sera passé.

Ils partent le lendemain dimanche, avec autant de joie que s'ils étaient conviés à une fête, tellement ils ont confiance dans la parole du préfet.

Pour moi, ayant presque la certitude qu'à partir de ce moment tout temps de répit est passé, je me résigne à reprendre mon jeu de cache-cache..., sauf à l'abandonner bien vite si toutefois, contre mon attente, mes amis ne sont pas allés dépenser du temps... et de l'argent pour se faire prendre.

Je suis auprès de mes parents, le soir du lundi si attendu, et occupé à faire force conjectures sur ce qui aura pu arriver à Clermont, lorsque mon père, étant sorti sur les dix heures, rentre bientôt après, tout ému, tout déconcerté, parce qu'il vient d'apprendre que les républicains qui se sont rendus à la préfecture, et il y en a de tout le département et de Clermont même, ont été arrêtés immédiatement, pour être envoyés en Afrique.

— Eh bien! lui dis-je, ai-je eu raison de me méfier de l'invitation du préfet? et ta bonne foi n'est-elle pas trahie?...

Mon père ne répond pas, mais, à son air piteux en même temps que réfléchi, je devine facilement, et je m'en apercevrai bientôt, qu'il n'est plus aussi idolâtre des Napoléon,... pas plus de l'ancien que du nouveau.

Lorsque la nouvelle de ce guet-apens, qui est un acte encore plus odieux que celui du coup d'Etat, parce qu'il est plus inattendu, plus calculé, a circulé dans la ville, elle y produit la consternation ainsi que l'indignation, et les gens véritablement honnêtes déplorent qu'un gouvernement puisse se fonder par de semblables moyens. Elle oblige également ceux qui y ont échappé à se tenir en garde plus que jamais.

Grâce au bruit qui avait été répandu que j'étais en Suisse, je n'avais reçu jusqu'alors aucune visite de messieurs les gendarmes ; mais, depuis ma comparution devant le sous-préfet, qui a confirmé ma présence à Thiers, je dois craindre un agrément de ce genre.

Et en effet, comme mon mandat d'amener, il ne se fait pas attendre ; car bientôt, un matin, au moment même où j'achève à peine de dîner, je vois accourir vers moi, et toute effarée, la domestique de M. Dufaud qui, dit-elle, vient, de la part d'un ami, me prévenir d'une descente dans mon atelier des agents de l'autorité. Je remercie la bonne fille, qui réellement est plus inquiète que moi, et, après l'avoir rassurée sur mon compte, ainsi que son patron, je prends à la hâte une canne et un album, et je me dirige vers la route d'Olmet, où je suis assuré d'avance d'un bon accueil chez mon ami, M. Giraud-Défarge.

— Ah! ah!... dit-il en me voyant apparaître le soir sur le seuil de sa porte, te voilà donc! J'étais étonné de ne plus te revoir. Viens-tu du moins, cette fois, débarrassé de toutes poursuites?

— Ah! bien oui!... c'est tout le contraire,... réponds-je ; c'est précisément pour les fuir que me voilà de nouveau auprès de vous. Et je lui raconte ce qui s'est passé à Clermont.

— Allons... décidément, ils perdent la tête, et ils sont capables, dans leur sottise, de vouloir nous mener comme un pays conquis!... s'écrie mon ami très-irrité. Pourtant, continue-t-il, ce n'est pas le moyen de se faire aimer... et de fonder une dynastie... surtout dans une nation comme la nôtre, qui passe pour une des plus civilisées du monde!... Mais, que faire? reprend-il, si ce n'est se réfugier dans l'espoir de voir s'écrouler tout cela bientôt!... Et, à propos d'écroulement, ajoute mon ami dont la colère s'est un peu apaisée, je dois te dire que je n'ai pas cette fois la satisfaction de te donner de bonnes nouvelles de ton coq!...

— Oh! je me doute bien de son sort!... il est... rasé probablement?...

— Oui, rasé en effet, et bien rasé!... car il n'en reste plus la moindre trace, grâce à l'empressement qu'y a mis pour le détruire la nouvelle autorité de Courpière, heureuse sans doute de profiter de cette circonstance pour donner à la réaction une preuve de son zèle. Mais je dois ajouter, si cela peut te consoler un peu, continue M. Giraud, que cette destruction a froissé sérieusement

les gens du bourg, qui, dans leur colère, sont allés jusqu'à vouloir l'empêcher, et qui n'ont renoncé à leur projet que sur mes observations que leur
résistance ne servirait à rien.

Cette petite nouvelle flatte assez mon amour-propre... de peintre, mais je
suis encore plus satisfait qu'il n'y ait eu le moindre désordre à ce sujet.

Quelques jours après, je vais avec un neveu de mon ami, M. François Giraud,
qui est venu nous voir aux Granges, cette propriété où son oncle voulait envoyer son cousin lors de notre fuite à Olmet, et qui est agréablement située
sur un coteau, au-dessus et à peu de distance d'Olliergues.

Nous y apprenons que le départ pour l'Afrique des prisonniers faits à la
préfecture de Clermont, et qui étaient au nombre à peu près de 80, a eu lieu
tout récemment, et que la troupe chargée de les conduire à Marseille, où ils
ont été embarqués, a pris, en passant à Ambert, les citoyens Frétisse, Mon-
teillet, Pradier, Rauzard, etc.

Au moment de retourner à Olmet, le père de M. François, qui est docteur-
médecin, et que je connaissais déjà, me fait promettre d'aller le revoir le plus
tôt possible, en m'affirmant que tant que je serai chez lui je n'aurai rien à
craindre de messieurs les gendarmes.

Je reviens ensuite à Thiers, où j'apprends que la visite dont j'avais été averti
a eu lieu en effet, et que les gendarmes, pour s'assurer si quelque travail
encore frais pouvait déceler par hasard ma présence à Thiers, étaient allés
— quelle précaution!... — jusqu'à examiner plusieurs de mes toiles. Mais,
aussi prévoyant qu'eux, j'avais eu soin, avant de partir, de cacher les deux
sujets auxquels je travaillais, et qui étaient, l'un, un tableau représentant le
Retour de la Noce, scène du pays; l'autre, une lithographie du vieux château
de Piroux.

Persuadé que l'insuccès de cette visite a dû convaincre la police de mon
absence, je m'installe de nouveau dans mon atelier. Mais, après quelques
jours de travail, je me mets à songer à ma position, que le grand air de la
campagne que j'ai parcourue et que l'approche du printemps me font trouver,
cette fois, plus ennuyeuse.

Je pourrais bien, pour être plus libre et plus en sécurité, retourner à Paris,
où j'ai déjà vécu pendant plusieurs années; mais la crainte d'y trouver diffi-
cilement de l'occupation, attendu que les beaux-arts ne doivent pas y briller
en ce moment; celle aussi d'y trouver peu de mes amis qui, à cause de leur
opinion républicaine, ont dû, la plupart, être emprisonnés... ou expulsés,...
et puis encore le regret de quitter mon pays au moment même où je puis en
jouir plus agréablement malgré les difficultés de ma position, me font bien
vite abandonner cette idée.

Pour me consoler de tout cela, je m'accroche de nouveau à l'espoir d'une
amnistie ou d'un écroulement subit de la tyrannie qui nous opprime;... mais
j'ai beau espérer, les jours se passent et rien ne vient!... Aussi, n'y pouvant
plus tenir, jette-je, un matin, mes pinceaux de côté pour regagner au plus vite
le bourg d'Olmet et ensuite les Granges.

Là, au milieu d'une famille très-aimable, je puis, du moins, respirer et me
mouvoir en toute liberté! Aussi en profité-je largement, en parcourant du
matin au soir les alentours de la propriété, qui sont très-gais et très-acciden-
tés, et en prenant par-ci par-là quelques croquis.

Parfois, pour varier la promenade, je descends avec François à Olliergues,
où nous nous amusons à prendre de la bière avec quelques amis, et assez
souvent aussi avec messieurs les gendarmes qui, en trinquant, me font comprendre par leur sourire, par leur clignement d'yeux, qu'ils connaissent ma
position, et que la sécurité dont m'a assuré le docteur est parfaitement
fondée.

Et en effet, la haute considération, l'estime dont jouit dans tout le canton
M. Giraud-Pallas par l'aménité de son caractère, ont suffi, avec le moindre
petit mot d'ordre de sa part aux gendarmes, pour me mettre à l'abri de toute
poursuite.

Mais nous voici à la fin d'avril, et avec elle m'est venue l'idée d'aller de
nouveau faire un tour à Thiers pour y voir mes parents, mes amis, et mener
en même temps à bonne fin un portrait que j'avais déjà commencé.

Malgré les vives instances de M. Giraud pour me retenir, pour me dissuader de ce départ dont il augure mal, et malgré sa crainte enfin que j'y sois arrêté, je persiste quand même dans mon intention en lui répondant, avec tout l'aplomb d'un incrédule, que j'espère bien qu'il n'en sera rien, et que j'aurai le plaisir de le revoir dans trois ou quatre jours au plus.

Pour dépister les poursuites, je prends gîte cette fois chez un de mes frères, qui habite la rue Mallorie, et, le soir même de mon arrivée, je fais prévenir l'original du portrait en question, nommé Giron, menuisier, que je suis à sa disposition pour le lendemain matin.

Le lendemain, mon homme ne se fait pas attendre, et je lui donne une séance de deux heures.

Le troisième jour, lui ayant annoncé qu'il ne m'en faut plus qu'une ou deux pour terminer son portrait, et que je partirai le soir du même jour, quel n'est pas mon étonnement de voir entrer précipitamment dans la chambre que j'occupe, et tout au plus une demi-heure après sa sortie, la belle-mère de mon frère qui, toute bouleversée par la frayeur, s'écrie :

— Monsieur Lavelle, sauvez-vous vite !... voici les gendarmes qui viennent pour vous prendre !...

Quoique fort ému de cette alerte, mon parti est néanmoins bientôt pris, et c'est celui tout bonnement de me laisser arrêter, pour ces deux motifs : d'abord parce qu'il me semble par trop humiliant, ma boîte et mes couleurs n'étant pas remises en ordre, d'avoir l'air de me sauver comme un malfaiteur ; ensuite parce que je crains — et c'est celui qui me détermine le plus — que ma fuite, par le temps de persécutions qui court, puisse être une cause de désagréments pour mon frère et sa famille ; et, achevant d'approprier ma palette que je tiens encore à la main, je réponds tranquillement à la brave femme de les laisser monter.

— Y pensez-vous ?... Fuyez donc, au contraire,... vous en avez encore le temps !... reprend celle-ci toute stupéfaite de ma détermination, et en me montrant la porte qui donne dans une pièce voisine que je n'ai qu'à traverser pour disparaître immédiatement dans une fausse rue située du côté opposé où se tiennent les gendarmes.

Mais je n'en veux rien faire et je reste.

Presque au même instant, deux de ces personnages font leur entrée dans la chambre. Ils sont accompagnés d'un agent de police qu'on appelle le père Vieil, qui, en m'apercevant, me reproche par signes de ne pas avoir cherché à fuir, et qui, pour ne pas me voir emmener, se retire aussitôt.

— Monsieur Lavelle,... dit alors en m'abordant, et avec un ton doucereux et traînard à la fois qui me fait sourire, le plus grand des deux — celui-là même qui faisait si drôlement le télégraphe devant la mairie le jour de la nouvelle du coup d'État, le gendarme Saint-Rame, en un mot, — je vous prie de nous excuser du devoir pénible que nous sommes obligés de remplir... et de.....

— Oui, oui, je comprends,... dis-je en l'interrompant, vous faites votre métier... et voilà tout. Seulement, reprends-je, vous me permettrez de vous dire que vous ne m'arrêterez pas,... que vous ne pouvez pas m'arrêter... au nom de la loi !...

— Ah ! pour quant à ça, c'est ce que je ne sais pas,... et je suis peu compétent en cette matière, — et il ajoute, comme s'il éprouvait néanmoins un petit remords de conscience, et comme pour me consoler de la peine qu'il croit me faire : — Voyez-vous, en affaires politiques, les choses sont bien changeantes,... et ceux qui vous font arrêter aujourd'hui peuvent bien l'être à leur tour demain !

— Ceci est en effet du domaine de la possibilité ; mais pour demain... je n'y crois guère.

Et je lui demande ensuite ironiquement si toutefois il connaîtrait, par hasard, cette grande dame qu'on appelle la Philosophie...

— Non,.. je n'ai pas cet avantage, et je crois même que je ne l'ai jamais vue !... exclame le fameux Saint-Rame avec une expression de naïveté qui prête à rire.

En ce moment, ayant achevé de remettre mes affaires en ordre, je jette un pardessus sur mes épaules, et, prenant ma boîte de peinture, je m'empresse de précéder messieurs les gendarmes, qui semblent plutôt aller quelque part

avec moi pour faire croquer leur binette que de me conduire en prison,...
mais non sans songer cependant au contraste de ce nouveau séjour... avec
celui de la campagne où je devais passer le beau mois de mai, qui commençait le lendemain même, ni sans maugréer surtout contre le sort... le sour-
nois... qui m'a si mal inspiré... et qui m'a si cruellement déçu de cet attrayant
espoir !

Ah!..., si j'avais écouté le docteur !...

CHAPITRE IV.

—

A notre entrée dans la prison, je suis reçu par le père Duché, le concierge
d'alors, dont la forte corpulence fait paraître encore plus grande la maigreur
de son porte-clefs qui l'accompagne, et qui a nom Duvert ; il s'empresse lorsque je suis introduit, et avec un sourire de contentement qui exprime moins
celui d'avoir un prisonnier de plus, qu'un pensionnaire, de me conduire à la
pistole où je trouve réunis quelques amis politiques, qui sont les citoyens
Pagès, Ferrié de Thiers, Combe et Henry Chassagne de Châteldon, Cornet et
David Cannes de la Bergerie, arrêtés depuis peu, et qui m'accueillent avec les
plus grandes démonstrations de joie.

Le premier moment d'émotion passé, et après que chacun a dit quelques
mots sur les divers incidents qui ont précédé son arrestation, le citoyen
Ferrié se lève, et me serrant de nouveau la main, s'écrie en riant : Sais-
tu que te voilà singulièrement récompensé de ton triomphe de Napoléon Ier?

Ne comprenant pas ce que veut dire mon concitoyen, je lui exprime mon
étonnement de cette exclamation interrogative.

— Eh quoi? reprend-il, tu ne te souviens donc plus du fameux buste de
neige?

Cette seconde question me remet sur la voie, et sur l'invitation de mes
amis, dont la curiosité est éveillée, je suis amené à raconter ce qui
suit :

A l'âge à peu près de quatorze ans, et quoique je n'eusse encore pris aucune
leçon de dessin, j'avais néanmoins un goût si prononcé pour cet art, que je
profitais du moindre répit que pouvaient me laisser parfois mes leçons et mes
devoirs de collège, pour m'amuser à barbouiller, à la grande frayeur de mes
parents, force feuilles de papier.

Un buste de Napoléon Ier en plâtre bronzé, celui qui est représenté avec
les bras croisés, l'habit et les grosses bottes, dont mon père avait fait l'ac-
quisition et qu'il avait placé sur la cheminée pour mieux le contempler, était
le modèle sur lequel j'exerçais le plus mon œil et ma main, et je l'avais
dessiné si souvent, que j'étais parvenu à le reproduire assez facilement de
mémoire.

J'en étais là de mon savoir-faire, quand par une triste journée d'hiver, c'était
un jeudi, un jour de congé, alors que nous étions réunis plusieurs camarades
sur la place aux Arbres, pour y jouer avec la neige qui l'avait envahie, j'ai
l'idée, après diverses constructions de cabanes, élévations de pyramides...,
de tailler dans un de ces derniers monuments..., une figure en grandeur naturelle de Napoléon Ier.

Et sans plus attendre, ni sans m'inquiéter des difficultés, je me mets immédiatement à l'œuvre avec une fiévreuse activité, ébauchant d'abord l'ensemble
avec une pelle de cheminée, et attaquant ensuite le détail avec un couteau,
détail que j'adoucis, que je polis tantôt avec la queue, tantôt avec la bosse
d'une cuiller à soupe, instrument assez original que m'a suggéré dame nature
et qui se prête admirablement, et à ma grande satisfaction, à ce genre de
sculpture.

Lorsque mon personnage est à peu près terminé, j'appelle mes camarades pour le leur montrer. Sitôt qu'ils l'aperçoivent, ils se mettent à sauter

de joie en s'écriant : C'est Napoléon ! C'est Napoléon ! Vive Napoléon ! et pendant que les uns continuent cet aimable exercice, en l'accompagnant de claquements de mains, les autres partent à toutes jambes pour aller annoncer la nouvelle dans tout le quartier de la Porte-Neuve, si bien qu'au bout de quelques minutes je me vois entouré non-seulement d'un plus grand nombre de camarades, mais encore d'hommes et de femmes, qui après m'avoir félicité sur la réussite de mon œuvre..., vont jusqu'à manifester tout haut leur sympathie pour l'original.

Il paraît qu'à cette époque, c'était vers la fin de 1829, autant que je m'en souvienne, cette sympathie du peuple de province pour le nom de Napoléon était encore si grande, que malgré la compression contre cette idée, le moindre incident suffisait pour qu'elle se manifestât, et encore avec assez d'énergie, comme on va le voir.

Ces témoignages de satisfaction pour mon travail, cet enthousiasme pour l'idole de mon père, flattent tellement mon petit orgueil, que je suis presque ivre de bonheur...! et bonheur qui déborde quand j'entends surtout ces paroles qui sont applaudies par tout le monde : — Il faut le promener en triomphe dans toute la ville ! et que je vois arriver deux robustes ouvriers, qui après avoir placé avec beaucoup de précaution..., la statue sur une longue et large planche qu'ils ont apportée, et après l'avoir soulevée sur leurs épaules, se dirigent ensuite, accompagnés de mes camarades et des curieux, par la rue des Gramonts, vers le centre de la ville.

Je m'empresse de suivre, et tout ravi bien entendu, le cortège...! mais me doutant fort peu que plus tard je serai une des nombreuses victimes de l'ambition du neveu du personnage auquel on fait en ce moment une si grande ovation !

A mesure qu'il avance dans la ville, le cortège augmente de plus en plus, et devient lorsqu'il est arrivé près de la mairie, une véritable foule dont le bourdonnement et les cris de vive l'Empereur ! vive Napoléon ! qui s'en échappent de temps en temps, font sortir M. le maire de son cabinet, qui à la vue d'un pareil spectacle si inattendu, et surtout d'une pareille animation, se met à rire d'abord, mais donne ensuite l'ordre à ses agents de disperser la foule, tellement il craint que cette manifestation puisse dégénérer en émeute.

Mais l'intervention des agents, au lieu d'obtenir un bon résultat, ne fait au contraire qu'irriter la foule qui pousse dès lors de plus nombreux et de plus énergiques cris de : Vive l'Empereur ! et les appréhensions du maire sont sur le point de se réaliser, lorsque tout à coup, la statue, sans doute ébranlée par quelque secousse involontaire, vient à tomber, et change en un instant, par sa chute, la colère qui commençait à gronder, en un immense éclat de rire ; et immédiatement après, ses débris sont convertis en de nombreuses boules de neige qu'on se jette réciproquement à la tête ; et l'ardeur devient si grande à ce jeu, que le combat est bientôt une véritable mêlée qui ne finit qu'avec l'épuisement des mottes, à la suite duquel chacun prend le parti enfin de se retirer chez soi, plus content qu'attristé.

A peine ai-je fini de raconter cette petite histoire qui a égayé mes auditeurs pendant quelques minutes, et qui m'a fait oublier presqu'entièrement la prison, que je suis rappelé tout à coup à la réalité par un violent grincement de serrure et de verrous qui me surprend désagréablement, et me fait songer immédiatement au temps barbare du moyen-âge, où se pratiquait alors une multitude d'incidents de ce genre, destinés à jeter à chaque instant la terreur dans l'esprit du prisonnier, en attendant que le corps fût torturé, ou à annoncer la présence de sbires précédés du bourreau, venant quérir le condamné pour le conduire au dernier supplice...

Mais cette sombre image disparaît bientôt à la vue de la figure réjouie du concierge qui vient, lui, — c'est bien différent, — nous avertir que... le dîner est servi ; et il nous mène en même temps dans une grande pièce voûtée où nous attendent pour se mettre à table, sa femme qui est aussi d'un embonpoint assez volumineux, ses deux filles, dont l'une est assez belle personne, et son fils, jeune homme de 20 à 21 ans, qui est militaire, et en congé en ce moment.

Après avoir joué quelque peu de la fourchette, on commence à causer, et la conversation ne tardant pas à s'animer, la gaîté la plus franche, grâce à la présence des deux jeunes filles qui sont en face de moi, et qui se montrent très-aimables, finit par régner entre les prisonniers et leur geôlier, et par donner à cette réunion singulière tout l'entrain d'un joyeux repas de famille qui me fait envisager presque sous une couleur de rose... tendre, le séjour de mon nouveau domicile, que j'entrevoyais il n'y a que quelques instants tout en noir.

Lorsque nous avons fini de dîner, nous allons dans la cour qui est envahie en ce moment par les prisonniers qui se livrent pour se récréer aux jeux de boules et de quilles ; parmi eux, il en est un d'un extérieur chétif, qui au lieu de prendre part à ces amusements, se tient au contraire à l'écart, isolé dans un coin. En nous voyant, il se met à genoux, et lève de temps en temps les mains et les yeux au ciel, comme pour l'implorer. Cette attitude étrange qui est toute empreinte d'hypocrisie, attirant plus particulièrement notre attention, le concierge nous apprend que c'est le fameux Morange, de Courpière, celui qui a tué tout récemment son père à coups de pioche. Quand il parle de cette affaire, il proteste et prétend être innocent ; mais la Cour de Riom qui doit le juger bientôt, lui prouvera, en le condamnant à la peine de mort, que cette innocence est de mauvais aloi.

Nos yeux se détournent bien vite de cette triste figure pour se reporter sur un jeune mendiant en haillons arrêté pour cause de vagabondage, et que le porte-clefs conduit vers la fontaine.

Là, après lui avoir fait quitter ses nippes, jusqu'à sa chemise, il prend un seau plein d'eau, et le lui jette sur tout le corps qu'il frotte ensuite avec un gros balais... d'écurie, de haut en bas, et de bas en haut, comme on fait absolument à un porc lorsqu'il est grillé !

Si le spectacle d'une aussi bizarre toilette nous fait rire pour le moment, il nous fait ensuite beaucoup de peine, et nous en exprimons tout notre étonnement au concierge qui nous répond que le procédé est sans doute bien grossier, mais qu'il est employé pour le motif que personne ne veut directement donner des soins à ces malheureux, à cause de la vermine qui les couvre.

En prenant possession de mon lit, lorsque l'heure est sonnée de se coucher, je veux me livrer à quelques réflexions sur ma nouvelle situation, mais le sommeil qui se montre très-exigeant après une journée aussi agitée, ne m'en laisse pas le temps, et je ne sais trop moi-même ce qu'il aurait duré, malgré les rêves, les cauchemars de gendarmes... de prisons... qui n'ont cessé de m'assaillir pendant toute la nuit, si l'horrible grincement de verrous de la veille n'était venu me réveiller en sursaut le lendemain matin.

En voyant entrer le concierge de si bonne heure, car il n'est tout au plus que six heures, je me demande ce qu'il peut y avoir de nouveau, et si ce qu'il vient nous annoncer est bon ou mauvais..., lorsqu'il s'écrie sur un ton plaisant : — Allons, allons, messieurs les paresseux..., sur pied s'il vous plaît ! Oubliez-vous donc que nous sommes aux premiers jours du beau mois de mai, et que le saucisson, le beurre, les radis et le vin blanc vous attendent ?

En un instant, les torses sont debout, et c'est à celui qui mettra le plus vite son pantalon ! Pour moi, assez surpris d'une pareille invitation, je préférerais bien rester un peu plus au lit, afin surtout d'avoir tout le temps de me reconnaître..., que de me lever si matin pour manger et pour boire. Mais pressé par le concierge et les camarades, je me décide à suivre l'exemple commun.

— Avant d'attaquer la pitance, reprend le père Duché en ouvrant, lorsque nous sommes prêts, la porte de la cour, il est bon de prendre un peu l'air, et de donner quelqu'exercice à vos jambes. Certainement, continue-t-il avec un sourire narquois, ça ne vaut pas une course dans la montagne à travers les genêts fleuris... encore moins une promenade dans les petits bois de la Chassagne... ! Mais que voulez-vous, je ne puis faire... mieux !

Décidément notre concierge est un assez bon homme, et sa gaîté, grâce à la fraîcheur du matin n'a pas de peine à nous gagner, et à nous faire passer rapidement le temps consacré au déjeuner.

Dans la matinée je reçois la visite de Giron qui, dit-il, est venu me voir pour me manifester toute sa contrariété de mon arrestation. Quoique les allures de cet homme aient été parfois assez bizarres, ses démonstrations amicales me paraissent si sincères, que j'abandonne presque les soupçons de trahison qui me sont venus à l'esprit, à son endroit, et que je l'engage, après avoir obtenu l'autorisation de travailler, à revenir poser pour son portrait.

Je vois également deux de mes amis, messieurs Giraud-Pine et Chalvon-Girard, et qui malgré leurs vives instances auprès des autorités pour obtenir quelques autres visites, ne peuvent y parvenir.

On était si coupable... !

Quelques jours après, je termine enfin le portrait de Giron, qui est assez bien réussi, ce qui donne l'idée au concierge de faire peindre ses deux filles ainsi qu'une nièce, jeune personne de 16 à 17 ans, qui est assez bien, et qui est venue le voir.

Je les groupe toutes les trois sur la même toile, ce qui me donne un ensemble assez gracieux, qui ne manque pas d'un certain effet et qui stimule passablement mon pinceau.

Le passage fréquent de prisonniers politiques, militaires et civils envoyés en Afrique, et il y en a pas mal de ces derniers qui viennent du Donjon et de Lapalisse, me fait songer aussi à un sujet qui serait très-intéressant, que je pourrais intituler : « Le départ des prisonniers », et qui stimule d'autant plus mon imagination, qu'une vieille tour située à l'un des angles de la cour, qui a survécu à deux autres beaucoup plus grandes autour desquelles planaient et chuchotaient pendant toute une journée, des nuées de martinets, et que je me rappelle avoir vu démolir vers 1828, peut en fournir le fond, le second plan dans des conditions très-pittoresques.

Je me décide à l'entreprendre, et je travaille tantôt à l'un, tantôt à l'autre, ce qui me procure ainsi qu'à mes co-détenus, quelques distractions qui font une heureuse diversion à nos préoccupations politiques, et aux inquiétudes surtout de ces derniers à l'endroit de leur famille, de leur industrie, qui souffrent de leur absence.

Le second principalement, qui est vu par tous les prisonniers, occupe leur attention, à ce point qu'ils n'en détachent pas leurs yeux pendant tout le temps que j'y travaille. J'en observe quelques-uns sous cape, dont la physionomie presque insignifiante semble, à mesure que j'avance, s'animer sérieusement et s'illuminer de quelques traits... de lumière, ce qui est une preuve bien évidente de l'influence des beaux-arts sur les natures les plus brutes.

Quoiqu'il y ait déjà deux mois que nous sommes sous clefs, rien encore ne nous est parvenu sur le sort qui nous est réservé. Cependant nous ne devons pas tarder à l'apprendre, et par la bouche même du préfet qui un beau matin fait tout à coup irruption dans notre domicile... obligatoire... ! ayant à sa suite le sous-préfet et son secrétaire, et précédé de notre estimable concierge qui cette fois, pas le sourire, mais bien le sérieux sur les lèvres et le chapeau très-bas à la main, nous présente le visiteur.

— Messieurs, nous dit le personnage qui est un homme d'une trentaine d'années, aux cheveux blonds, à la figure pâle, et dont le nom est employé souvent par nos paysans de la Limagne, pour qualifier leur vin quand il est mauvais, comme ils se servent de celui de Raspail pour désigner le bon ; étant venu à Thiers pour affaires d'administration, je n'ai pas voulu partir sans vous faire une visite, et vous demander si toutefois vous n'auriez pas des réclamations à m'adresser !

Un sourire d'incrédulité de notre part accueille les paroles du préfet Crèvecœur, et nous lui répondons qu'en fait de réclamations, nous n'en avons qu'une seule et toute simple à faire, celle d'être rendus à la liberté dont on nous prive si injustement, pour aucun motif sérieux.

— Ah... pour quant à cela, messieurs, je n'y puis rien, c'est l'affaire de l'autorité supérieure, exclame le préfet qui s'approchant de moi, me demande avec une expression de bienveillance très-marquée, si je jouis d'une bonne santé.

— D'une excellente... comme vous voyez ! lui dis-je en frappant sur ma poitrine, et tout étonné d'une question aussi prévenante, qui semble provoquer une demande de faveur.

— Alors... reprend le préfet qui paraît contrarié de ma réponse, vous pourriez dans ce cas supporter facilement une traversée... en mer, de deux ou trois jours ?

— Bien certainement ! m'empressé-je de répondre à cette autre question qui sans aucun doute fait allusion à une transportation en Afrique.

— Allons... c'est bien, monsieur, dit le préfet qui cette fois semble véritablement déçu de je ne sais quel espoir, et qui après nous avoir salué très-froidement, se retire enfin.

Lorsqu'il est parti, le père Combe et Chassagne me secouent vivement la main en disant qu'ils espèrent bien me suivre, quoique s'adressant plus particulièrement à moi, le préfet ait fait supposer que j'étais seul désigné.

Je remercie mes amis de leur bonne amitié pour moi, mais quelque plaisir que j'aie d'être avec eux, je souhaite avant tout qu'ils puissent rester, et rentrer au plus vite dans leur famille. En prévision de notre départ auquel il faut s'attendre maintenant de jour en jour, je travaille avec plus d'ardeur à mes tableaux avec l'espoir d'en terminer un, sinon tous les deux ; mais à mon grand regret je ne peux y parvenir, parce que 7 à 8 jours seulement après la visite du préfet, l'ordre nous en est communiqué par le père Duché, qui la larme à l'œil, l'émotion dans la parole, nous prie d'avoir à nous tenir prêts pour le lendemain matin à cinq heures, en ajoutant que nos concitoyens Ferrié et Cornet ne sont pas compris dans cet ordre.

Le soir, je vois mon père qui, sachant notre départ, est venu me faire ses adieux. Il me parle d'un nouveau bruit qui court en ville à propos de ce départ, et qui consiste à accuser Giron d'être sérieusement un agent bonapartiste, et mon dénonciateur.

Tout cela me surprend beaucoup, et me fait douter enfin de la bonhomie du personnage.

Après le souper qui n'a pas été aussi gai que d'habitude, nous adressons nos condoléances à la famille du concierge en les accompagnant bien entendu d'une tendre accolade qu'elle s'empresse de nous rendre.

Enfin, le lendemain qui est le 25 ou le 26 juillet, nous sommes sur pied à l'heure indiquée, et à la sortie de la prison nous nous trouvons en présence de quatre gendarmes qui nous attendent, et qui après nous avoir mis la chaîne au poignet comme à des malfaiteurs.., nous invitent à monter en voiture ; ensuite, nous sommes bientôt sur la route de Clermont, où nous arrivons le soir sur les sept heures.

CHAPITRE V.

Nous voici dans la prison de Clermont. Le concierge, le sieur Mazargue, est, comme celui de Thiers, un grand et fort gaillard, à la mine un peu plus réservée, mais également assez bon au fond. Seulement, placé à ce poste en 1848 comme républicain, il ne lui est pas désagréable de le conserver sous la réaction. Cette élasticité de conscience a sans doute pour cause la sécurité d'existence?

Installés dans une pistole située au deuxième étage, nous y sommes d'autant plus à notre aise qu'elle n'est occupée en ce moment que par une seule personne, un monsieur Fleury, qui se dit en prévention pour une affaire dont je n'ai pas gardé le souvenir, et dont il prétend être innocent.

A notre question sur le nombre de détenus politiques qu'il peut y avoir encore dans la prison, il répond qu'il n'en reste plus qu'un, M. Rixin qui, il y a à peine quelques jours, ajoute-t-il, était avec lui, mais qu'il ne voit plus, parce qu'à la suite d'une altercation assez vive survenue, il ne sait pour quel motif, entre lui et le concierge, il a demandé à vivre seul dans sa chambre, et déclaré qu'il ne voulait plus sortir.

Cette nouvelle nous contrarie un peu, parce qu'ayant beaucoup entendu parler de lui, l'attaque, sous Louis-Philippe, de Clermont par les gens d'Aubière et de Beaumont, et sa condamnation à deux ans de prison pour cette affaire ayant mis son nom en relief, nous aurions voulu le connaître. Nous nous contentons dès lors de lui faire dire un bonjour de notre part, auquel il s'empresse de répondre en nous priant de l'excuser de ne pouvoir nous serrer la main, ne voulant pas revenir sur la détermination qu'il a prise.

Notre manière de vivre n'est plus la même qu'à Thiers. Adieu aux repas de famille... aux petits déjeuners du lever de l'aurore et à la gaîté qu'ils procuraient ! Ici, il faut prendre sa pitance à la cantine et se servir soi-même. Mais nous nous consolons facilement de ce changement de régime, qui, s'il est moins agréable, nous offre la compensation de dépenser moins et d'être plus libres pour notre nourriture.

Nous n'avons pas non plus la faculté de voir les prisonniers, de causer avec eux, parce que nos heures de sortie ne sont pas les mêmes. Il ne faut même point également songer au travail, pour cette raison que, pouvant partir d'un jour à l'autre, il ne vaut pas la peine de commencer quelque chose.

Une quinzaine de jours après notre arrivée, nous recevons la visite de nos parents. Mes co-détenus Pagès et David Canne apprennent avec plaisir, l'un par sa fille, l'autre par sa femme, qu'ils vont sortir bientôt de prison, ce qui nous est aussi agréable qu'à eux-mêmes. Mais en dehors des parents, nous ne pouvons voir ni amis ni connaissances, la consigne, sous ce rapport, étant aussi sévère ou, pour mieux dire, aussi ridicule ici qu'à Thiers.

Plus d'un mois s'est déjà écoulé depuis que nous sommes à Clermont, et nous attendons toujours un ordre de départ qui ne vient pas, ce qui me donne d'autant plus le regret de ne pas avoir cherché à m'occuper, que l'ennui commence à s'emparer de moi, ennui que nous ne pouvons guère combattre que par quelques parties de cartes, qui finissent par devenir passablement monotones.

Cependant le moment approche où il doit nous être communiqué et, comme on va le voir, d'une manière assez singulière.

Nous nous promenons comme d'habitude, à notre sortie du soir, dans la cour qui nous est assignée, quand tout à coup nous voyons apparaitre un monsieur d'un certain âge, ayant toutes les allures de ce qu'on appelle un homme du monde, qui, après nous avoir salués, se met à arpenter vivement l'espace opposé à celui que nous occupons, et tout en jetant de temps à autre un regard de notre côté.

Insensiblement ce regard se fixe plus particulièrement sur moi, ce qui m'engage à mon tour à examiner avec plus d'attention ce monsieur dont la figure ne me semble pas inconnue, et je cherche, mais en vain, à me rappeler où j'ai pu le voir.

Enfin il s'avance vers moi en souriant et me demande, en m'abordant, si je ne suis pas artiste peintre, quelque peu élève de M. Picot, et si je n'ai pas travaillé au Louvre à une reproduction des *Moissonneurs* de Léopold Robert, et de l'*Accordée de village*, de Greuze.

Je lui réponds affirmativement.

— Alors, reprend-il vivement, je ne me trompe pas, vous êtes bien monsieur Lavelle ?

— En effet... lui dis-je.

— Ah !... eh bien... s'écrie-t-il en me tendant la main, vous devez vous souvenir d'un certain monsieur qui venait assez souvent vous voir travailler et causer avec vous ?

— Parfaitement ! exclamé-je à mon tour, et je vous remets maintenant ! Vous êtes M. de La Pilaie, naturaliste ?

— Oui ! et je vois avec plaisir que vous ne m'avez pas oublié, quoiqu'il y ait déjà bien quelque temps que nous ne nous soyons vus, répond M. de La Pilaie ; et, reprend-il, vous êtes ici sans doute pour cause politique ?

— Eh ! oui... ainsi que ces messieurs, lui dis-je en lui montrant mes amis. Mais vous, continué-je en lui exprimant tout mon étonnement d'une rencontre aussi inattendue, comment se fait-il que vous soyez à Clermont, et surtout dans cet hôtel si... distingué ?

— Oh ! pour quant à Clermont, répond M. de La Pilaie, j'y viens assez souvent pour voir quelques amis, pour faire quelque excursion au puy de Dôme et y herboriser. Mais pour ce qui regarde mon séjour ici, la cause en est si insignifiante, et il y en a une pourtant..., qu'il ne vaut réellement pas la peine de vous en parler. Seulement je dois vous affirmer, reprend M. de La Pilaie, qu'il ne se prolongera pas au-delà de cinq à six jours au plus.

Et là-dessus mon homme me serre de nouveau la main, en ajoutant qu'il est obligé de me quitter à l'instant même, pour recevoir une personne qui doit s'occuper de son affaire, et qu'il me reverra le lendemain.

En effet, et comme il l'a dit, M. de La Pilaie vient me prendre le lendemain à la pistole, vers les deux heures, pour me faire descendre dans sa chambre, qui est au premier, et où je vois en entrant deux cafés qui nous attendent.

— Mon cher monsieur, me dit-il alors et après en avoir dégusté une gorgée, je vous ai fait venir ici moins pour prendre une tasse de café que pour vous entretenir confidentiellement de choses qui vous intéressent : ainsi, par exemple, j'ai à vous annoncer votre départ pour l'Afrique... qui doit avoir lieu dans trois ou quatre jours... au plus tard.

— Et comment savez-vous cela ? réponds-je fort étonné, en êtes-vous bien sûr ?

— On ne peut plus, continue M. de La Pilaie, car la nouvelle me vient de source certaine, de la personne même que j'ai vue avant-hier, qui est mon ami et qui la tient directement du Préfet, qu'il connaît beaucoup.

Cet ami était M. Lecoq, pharmacien.

— Eh bien !... nous partirons..., dis-je à M. de La Pilaie, et je me console bien vite de cette nouvelle, en songeant au plaisir que me fera éprouver, et dans les conditions mêmes où nous devons y aller, la vue d'un pays que des romans, que des ouvrages plus sérieux que j'ai lus, m'ont donné le désir de connaître.

— Mais, reprend M. de La Pilaie, qui semble étonné de ma résignation et même contrarié, je dois vous dire cependant que, si vous allez là-bas, vous y serez pour longtemps, ce dont vous pourriez vous dispenser, je puis vous l'affirmer, en écrivant à M. le Préfet deux mots à ce sujet et qui seraient appuyés par M. Lecoq, ou en me chargeant de lui parler moi-même.

Je remercie M. de La Pilaie de ses bonnes intentions à mon égard, en ajoutant que je serais très-content sans doute d'être rendu à la liberté, mais non, et comme déjà je n'ai pas voulu le faire à Thiers à propos d'une semblable proposition, à cette condition plus qu'humiliante pour un homme qui n'a rien de mal à se reprocher, de supplier un coupable ! .. et je lui demande en même temps si, à ma place, il serait disposé à jouer un rôle de ce genre.

Mon protecteur inattendu, c'est le cas de le dire, ne répond pas et se contente de tousser. Seulement il me recommande, lorsque je le quitte, de bien réfléchir sur ma détermination, en ajoutant qu'il me reverra dans deux ou trois jours pour recevoir une dernière réponse.

Le surlendemain, il ne manque pas, en effet, de me faire sa visite et de me demander si je suis toujours dans les mêmes dispositions.

Ma réponse étant affirmative, il m'engage alors à accepter de sa part une lettre de recommandation pour le général Carbuccia, qui commande le camp de Lambessa, qui est son ami et qui, en cette qualité, pourra m'être très-utile.

Quoique je n'aie nullement l'intention de recevoir la moindre faveur d'un chef quelconque de l'Empire, cette offre m'est faite cependant de si bon cœur que, pour ne pas froisser les bonnes intentions de M. de La Pilaie à mon égard, je juge convenable de ne pas le refuser et de l'en remercier, sauf ensuite à garder sa lettre comme un bon souvenir de lui, ce que j'ai fait.

— Eh bien, mon cher ami, reprend-il en se retirant, je vous la remettrai dans la soirée.

Deux ou trois heures après, je reçois en effet des mains de mon protecteur, qui est réellement ému de mon départ, la lettre en question et qui est ainsi conçue :

Au général Carbuccia, commandant en Algérie.

« Savant général,

» Je serais flatté que vous puissiez vous rappeler le membre à face rubiconde de la Société nationale des antiquaires de France, qui eut l'honneur de vous féliciter le premier, je crois, au sujet de votre grand et beau travail sur l'antique Lambessa, lorsque vous le présentâtes à cette honorable Société. J'espère vous retrouver prochainement sur le théâtre de vos victoires scientifiques, car c'en est une bien grande que de faire sortir une ville importante de ses ruines avec autant de succès, pour la rendre ensuite au monde savant.

» Depuis que nous nous sommes perdus de vue, j'ai continué de glaner sur les pas de mes devanciers en archéologie, plus avantageusement que si je fusse resté à Paris, auprès de l'excellent et savant Jomar, votre ami et mon Mécène. Ils ne tarisssent pas sur les éloges qui vous sont dus et les services que vous avez rendus à la science.

» Le hasard qui me fait retrouver à Clermont M. Lavelle, peintre, que j'avais connu à Paris, me procure aujourd'hui l'honneur de me rappeler à votre souvenir et de vous recommander ce jeune homme qui va partir pour l'Afrique, par suite d'une simple imprudence. Je le charge de vous remettre cette lettre, en vous suppliant, mon cher général, de lui adoucir son sort, de lui être agréable autant que possible.

» Rappelez-vous ce vers du bon Lafontaine :

« C'est être malheureux que d'être innocent. »

» M. Lavelle, à qui vous ne trouverez rien d'incendiaire, rien de séditieux, ni dans l'extérieur, ni dans ses sentiments, mérite déjà votre intérêt, votre protection ; je vous les demande instamment en sa faveur. C'est un artiste dans lequel je n'ai vu qu'un excellent jeune homme, et je vous supplie, avec tout le regret possible de n'être pas aussi élégant que notre admirable fabuliste, au sujet de la disgrâce de Fouquet ; avec vous, général, ma cause serait encore plus tôt gagnée.

» Je vous réitère mes instances... etc.

» Le baron de La Pilaie, naturaliste. »

Un peu avant la fin de la journée, le concierge confirme l'annonce de notre départ faite par M. de La Pilaie et nous avertit, le père Combe, Chassagne et moi, d'avoir à nous tenir prêts pour le lendemain matin, à huit heures.

Nos co-détenus Pagès et David Canne sont dispensés, comme ils l'espéraient, de ce départ.

CHAPITRE VI.

—

Il est près de neuf heures quand nous sortons le lendemain matin qui est le 8 août, de la prison. Pendant que les gendarmes nous mettent la chaîne au poignet..., nous faisons connaissance avec M. Rixin, dont la physionomie fortement colorée et très-expressive est ornée d'une chevelure et d'une moustache noires. Il peut avoir de 34 à 35 ans, et l'ensemble de son extérieur, quoique sa taille soit un peu au-dessous de la moyenne, annonce la vigueur et l'énergie.

L'opération de la chaîne terminée, ce qui a été l'affaire de quelques instants, nous montons dans une diligence sur l'impériale de laquelle nos bagages sont déjà rangés, et qui composée d'un seul intérieur dans lequel nous sommes largement casés, est autrement agréable que la charrette !... ce qui fait sortir de la poitrine du père Combe qui est déjà d'un certain âge, un soupir de grande... satisfaction !

Sur notre passage, des gens qui sans doute ont eu vent de notre départ, nous attendent et nous saluent ; la plupart accompagnent ce signe de bien-veillance d'un haussement d'épaules qui semble dire : Il y en a donc... encore ! Pauvre gouvernement ! Pauvre politique !

Mais toute modeste, toute pacifique que soit cette démonstration de sympa-thie à notre égard, elle n'en est pas moins remarquée, et elle déplaît forte-ment, car tout à coup une impulsion plus vive est donnée aux chevaux qui prenant cette fois le galop, ont bientôt franchi la dernière rue de Clermont, et gagné la route de Thiers où nous devons aller coucher.

— Mes chers amis, nous dit en ce moment Rixin qui est ravi de cette rapi-dité de course, savez-vous que nous sommes fort bien là-dedans, et qu'avec notre crâne escorte de gendarmes, et du train dont nous y allons, nous avons l'air de voyager comme de véritables petits princes !

— Ma foi oui ! s'écrie le père Combe, de plus en plus satisfait. Seulement, reprend-il avec une certaine expression d'inquiétude qui nous fait rire, il fau-drait savoir si cela durera !

— Ah ! c'est ce que nous ignorons, répond Rixin ; et il est bien possible en effet qu'une fois sortis du pays il n'en soit plus ainsi ! Mais dans tous les cas, quoiqu'en décident nos geôliers à ce sujet, et quoi qu'il arrive, continue-t-il en lorgnant d'un œil narquois le père Combe qui semble rêver à la charrette..., fumons en attendant, et causons surtout un peu de nos affaires ! Et aussitôt la conversation prend de l'entrain et finit par rouler aussi vite que la voiture, se prolongeant ainsi jusqu'à Lezoux où nous arrivons vers une heure, et où nous nous arrêtons pour déjeuner.

Pensant n'y rester que deux heures au plus, nous sommes fort étonnés de n'en sortir que vers les cinq heures du soir, ce qui nous fait supposer, à en juger surtout par l'allure des chevaux qui à mesure que nous approchons de Thiers s'est ralentie au lieu d'être stimulée, que notre escorte se soucie peu de nous y faire entrer avant la nuit.

Et en effet, car il est déjà près de huit heures quand nous atteignons les premières maisons du faubourg du Moutier, ce qui ne nous empêche pas néan-moins, et malgré la nuit qui s'approche, d'apercevoir au-delà du pont, avant que nous l'ayons traversé, quelques personnes qui semblent attendre..., et qui sitôt qu'elles nous ont vus, s'empressent de partir, en se dirigeant vers le centre de la ville.

— Décidément, dis-je à mes compagnons en leur signalant cet incident, je crois que notre départ de Clermont était connu ici, et que malgré les précau-tions prises par nos conducteurs pour nous empêcher d'avoir le moindre con-tact avec la population, nous allons être reçus par des amis.

Je ne me suis pas trompé, car en arrivant sur la place de la Mairie nous la trouvons remplie de gens qui guettent notre arrivée, et qui sont impatients de nous serrer la main. Mais à la vue de ce rassemblement qui l'inquiète, le maréchal-des-logis de gendarmerie qui est là également, ne veut pas laisser arrêter la voiture, et exige qu'elle continue immédiatement sa route vers la prison.

Contrariés de cet ordre, parce que nous ne voudrions pas passer au milieu de nos concitoyens sans leur adresser quelques paroles de remerciement pour leur bon accueil, nous le prions de nous accorder quelques minutes de halte, en l'assurant qu'aucun désordre n'est à craindre.

Mais notre prière n'est pas écoutée, et le maréchal-des-logis insiste au con-traire, et même avec colère.

Froissés de ce refus et de la façon dont il est fait surtout, nos concitoyens entourent alors la voiture, ouvrent la portière et se précipitent vers nous !...

Quoique ce mouvement soit assez vif, assez énergique, tout peut encore se passer avec un certain calme, lorsque Rixin dont le tempérament est porté à l'exaltation, comme nous l'avait déjà fait pressentir son extérieur, et comme nous avons pu également nous en apercevoir dans notre conversation, s'écrie à propos du refus du maréchal-des-logis, qu'il a sur le cœur, que c'est indi-gne, qu'il faut descendre de voiture et aller à pied à la prison ! Et il joint de suite l'action à la parole.

Nous ne le suivons pas, parce que nous ne voulons pas donner aux gendarmes l'appréhension d'une fuite de notre part.

Aussitôt à terre, Rixin est bientôt entouré de la foule au milieu de laquelle il se met à pérorer contre le maréchal-des-logis dont il blâme fortement la conduite ; et la foule l'écoute avec avidité, et elle augmente à chaque instant.

En ce moment la place de la Mairie présente un aspect des plus agités. Les gens vont et viennent du groupe de Rixin à nous, les uns nous exhortant à nous sauver, les autres à n'en rien faire, tandis que les gendarmes plus raisonnables que leur chef, circulent de tous côtés, cherchant à apaiser.

L'agitation devient si vive que le tumulte est imminent. Aussi pour l'éviter prenons-nous le parti d'intervenir. Nous descendons donc de voiture à notre tour, et après avoir fait comprendre à nos concitoyens toute l'inutilité d'une manifestation quelconque et les avoir priés de se retirer tranquillement, nous finissons par ramener Rixin qui s'est enfin calmé.

La voiture repart aussitôt, et comme nous n'avons plus qu'une rue à traverser pour arriver à la prison, nous voyons bientôt de nouveau le père Duché qui accueille avec le plus grand empressement ses anciens pensionnaires ! Mais en y entrant et contre toute attente nous n'y trouvons pas la paix, parce que Rixin en voyant le maréchal-des-logis qui nous a accompagnée, je ne sais pourquoi, se laisse encore aller à la colère et l'apostrophe vivement.

Celui-ci ripostant sur le même ton, il s'ensuit bientôt une dispute dont les conséquences peuvent devenir très-graves, car Rixin de plus en plus irrité va jusqu'à vouloir lui arracher son sabre et ses aiguillettes, en lui disant qu'il est indigne de les porter.

Nous intervenons de nouveau pour empêcher notre concitoyen de commettre un acte aussi violent, et nous y parvenons, mais non sans beaucoup de peine.

Aussitôt dégagé, le maréchal-des-logis furieux à son tour de cette nouvelle attaque qu'il a bien cherchée, veut pour s'en venger faire mettre Rixin au cachot... et en donne l'ordre au concierge.

Mais cet ordre contre lequel nous protestons, est aussi mal reçu par le père Duché qui, quoique toujours très-souple vis-à-vis de la moindre autorité, répond énergiquement qu'il ne l'exécutera pas, pour cette raison qu'ayant eu Rixin sous sa garde alors qu'il était concierge à la prison de Riom, il a pu apprécier son caractère, qui, s'il est vif et emporté, est du moins celui d'un honnête homme.

Cette réponse atterre le maréchal-des-logis qui, pâle et les traits contractés par la colère prend enfin le parti de se retirer, mais non sans murmurer des paroles de menaces... dont nous nous soucions fort peu.

Après le départ de ce Monsieur le calme s'étant tout à fait rétabli, nous pouvons respirer tout à notre aise... et pénétrer sur l'invitation de notre bon concierge dans la salle à manger où nous trouvons réunie comme d'habitude toute sa famille, au milieu de laquelle j'ai le plaisir de voir mon père.

Le souper auquel il doit prendre part, ce qui me le fera trouver meilleur, est déjà servi. Nous l'attaquons avec une ardeur d'autant plus vive que notre appétit a été passablement stimulé par les différentes émotions de la soirée, et qui font les frais, comme on peut le penser, de notre conversation.

Le lendemain, pour éviter sans doute les mouvements de la veille, on nous fait partir à quatre heures du matin. Mais malgré cette précaution nous voyons encore quelques-uns de nos amis qui l'ayant prévue nous attendent dans la rue Nationale où la voiture doit passer, pour nous dire un dernier adieu, dont l'effet comme à Clermont est de remuer sensiblement la bile du postillon qui, pour leur faire allonger le pas, frappe ses chevaux à coups redoublés.

Aussi sommes-nous bientôt sortis de la ville et menés rondement jusqu'à Boën d'où, après avoir déjeuné, nous reprenons la route de Montbrison.

En approchant de cette ville, dans laquelle nous entrons un peu avant la nuit, nous remarquons la construction de la prison qui a tout l'aspect sévère d'une véritable cage à prisonniers, et qui arrache au père Combe cette exclamation de frayeur... comique : « Hélas ! mon Dieu ! mes amis... comme nous allons être serrés là-dedans ! »

Mais cette appréhension n'est pas fondée, car son régime que les apparences peuvent faire supposer très-rigide, est au contraire très-doux. Ainsi en entrant, à peine y entendons-nous le grincement des verrous, et nous n'y sommes pas servis non plus par des porte-clefs parfois à la mine rébarbative et au ton rude, mais bien par de jeunes religieuses dont à notre grand étonnement l'entrain et la gaîté font plaisir à voir !

Seulement, et c'est la seule de toutes celles que nous avons vues où cela se pratique, on y entend pendant la nuit, à tous les quarts-d'heure, le cri de : Sentinelle, prenez garde à vous ! proféré par le soldat de faction.

Nous n'y passons qu'une nuit, et le surlendemain, après avoir couché dans une espèce d'ancien four d'un village qu'on appelle Tuaire, et où nous n'étions pas sur un lit de plumes mais bien sur des bottes de paille, nous faisons notre entrée, hélas ! pas triomphante... dans la ville de Lyon, où l'ordre est donné de nous faire conduire à la prison Saint-Joseph.

— A la prison Saint-Joseph ! dans la maison du meilleur des saints ! s'écrie Rixin qui a entendu le mot, eh bien, voilà de la chance ! Car il est probable que nous y serons comme des petits anges dans le Paradis ! Qu'en dites-vous, père Combe ?

— Ce que j'en dis, répond notre ami qui est protestant, et sur l'esprit duquel les mots de saint, de sainte Vierge .. ne font pas très-bonne impression, j'en dis que je n'ai pas trop grande confiance en tous ces... diables-là !

— Oh ! ingrat ! dit Rixin en souriant, avez-vous donc déjà oublié les bonnes filles de Montbrison !

Le père Combe sourit à son tour, et se grattant l'oreille, ce qui est chez lui un signe de doute, il se contente de répondre : « Dam, nous allons voir. »

Nous arrivons bientôt à la prison dans laquelle, après être descendus de voiture, un gardien nous introduit. Il nous fait arrêter ensuite sous un vaste vestibule où sont postés çà et là, à droite et à gauche, des sentinelles derrière chacune desquelles se trouve une cellule, où nous sommes enfermés deux par deux.

Ces préliminaires d'incarcération nous étonnent beaucoup, et je commence à me demander, ainsi que Chassagne qui est avec moi, ce qu'ils peuvent bien signifier, lorsque presqu'immédiatement après nous voyons apparaître un autre gardien qui, ayant ouvert notre porte, se met ensuite et sans mot dire à nous palper en tous sens... à nous fouiller... partout, et prenant tout ce que nous avons dans nos poches, argent, montre, couteau, papiers, etc.

Quoique tout cela doive nous être remis à notre sortie, je trouve néanmoins ce procédé si grossier, si indigne, et qui ne peut guère se comprendre que vis-à-vis d'un criminel, que j'éprouve sur le moment une furieuse envie de décocher sur le nez de cet affreux investigateur un vigoureux coup de poing ! Mais l'idée de n'avoir affaire qu'à un subalterne, et la persuasion qu'il faut qu'un gouvernement soit bien vexé pour employer envers ses adversaires politiques de semblables moyens de vengeance, m'arrête et me suffit.

Cette gentille cérémonie terminée, nous recevons une autre visite, mais plus inattendue encore, celle de deux ecclésiastiques, qui viennent, disent-ils, nous voir pour nous engager à faire partie d'une Société religieuse dont l'influence peut nous être utile, et même nous faire rendre à la liberté.

Nous accueillons poliment ces Messieurs et nous les remercions de leur offre, en leur faisant observer qu'elle aurait pu nous inspirer quelque confiance si le clergé, pour être logique avec la morale, avec l'esprit de fraternité... qu'il a la prétention de prêcher, avait eu le courage de protester contre le coup d'Etat au lieu d'en bénéficier.

Ces Messieurs se récrient et cherchent à nous prouver qu'il ne le pouvait pas, mais leurs arguments que nous avons la patience d'écouter jusqu'au bout, sont si faibles..., qu'ils ne peuvent bien entendu nous convaincre.

Lorsqu'ils sont partis, le premier gardien vient nous reprendre pour nous conduire au domicile qui nous est assigné, et qui est une vaste salle située au deuxième étage, qui contient six lits, et au fond de laquelle est suspendue une grande et belle lampe.

Nous avons une forte envie de nous jeter sur les lits qui paraissent très-propres et qui conviennent au repos, mais rendus très-curieux et même méfiants par ce que nous avons déjà vu dans cette prison, nous résistons à cette tentation, préférant avant tout inspecter un peu notre logis. Et bien nous en a pris, car nous découvrons bientôt dans un de ses angles qui est très-obscur un orifice assez grand, ayant la forme d'un entonnoir, qui doit être sans aucun doute un tuyau acoustique devant aboutir à un cabinet où se tient probablement en temps donné un employé chargé d'écouter, de surprendre la conversation des prisonniers.

Cette découverte qui nous commande la prudence, indigne le père Combe qui s'écrie : « Eh bien ! avais-je raison de ne pas trop me fier au patronage des saints ! Et vous voyez combien est beau... ce qu'il couvre ! Ah ! ah ! ajoute-t-il d'un air triomphant et en se frottant les mains, ce sont de singuliers petits anges que ces gaillards-là!... »

A peine le père Combe a-t-il prononcé ces paroles et lancé cette pointe contre les catholiques, que nous entendons un léger grattement à la porte à la suite duquel nous voyons entrer, on ne saurait deviner qui ? un Frère de la Doctrine chrétienne! ou du moins un homme d'une trentaine d'années, qui en a tout le costume et toute l'allure!...

Pour le coup nous sommes stupéfaits..., et notre stupéfaction redouble encore lorsqu'au lieu de nous parler, il nous présente avec un véritable mouvement d'automate... un petit papier plié en quatre.

Nous nous empressons de le défaire et de le dévorer des yeux, croyant y lire quelque chose d'extraordinaire, mais contre notre attente nous n'y voyons que ces quelques mots qui du reste nous font grand plaisir :

« Demandez ce qu'il faut pour votre repas ! »

Après nous être concertés pendant une minute pour décider de notre modeste menu, Rixin qui depuis que nous sommes ensemble s'est constitué notre ordonnateur, lui en donne le détail de vive voix.

Mais au lieu de répondre le très-cher frère reste immobile, comme un homme qui n'a rien entendu, rien compris.

Alors Rixin pensant qu'il est muet, lui montre du doigt sa bouche et son oreille en lui faisant de la tête un signe négatif.

Cette fois notre personnage qui ne peut faire autrement que de comprendre, répond affirmativement de la même manière, et nous tend de nouveau un papier, cette fois déplié, et sur lequel il nous indique d'écrire.

Cette formalité remplie et le frère sorti, nous rions de cette scène comique, je dis comique, parce que nous n'avons pas cru à l'infirmité de cet homme, qui ne peut être qu'une feinte dont le but est facile à deviner.

Nous ne passons qu'une nuit dans cette prison si originale, ce dont nous ne sommes pas fâchés. En la quittant, il nous est réservé encore une surprise, mais peu agréable, et que nous avons toujours redoutée..., celle de la substitution à notre confortable diligence de la terrible charrette!... le cauchemar du père Combe !...

Nous restons ensuite deux jours dans celle de Vienne, dont le régime est à peu près le même que celui de Clermont, et où nous avons le plaisir de serrer la main à quelques amis politiques qui y sont détenus depuis quelque temps.

Mais nous n'en sortons pas aussi tranquillement que nous y sommes entrés, à cause d'un incident fâcheux produit par l'insolence d'un gendarme qui, au sujet de la chaîne qu'on nous met ordinairement au poignet, veut cette fois en entortiller en même temps que les mains le col de Rixin, qui naturellement s'indigne d'un pareil procédé... contre lequel nous protestons également.

L'altercation qui s'en suit attire bientôt un assez grand nombre de personnes qui en voyant ce qui se passe et qui reconnaissent en nous des prisonniers politiques, commencent à murmurer.

La persistance du gendarme dans ses mauvaises intentions, malgré l'attitude de la population et la contrariété qu'en éprouvent ses camarades qui n'osant rien dire s'empressent de me donner son nom que je leur ai demandé, me font craindre une scène encore plus désagréable que celle de Thiers!... Mais comment faire pour l'empêcher? J'y songe, et mon parti est bientôt pris. Alors passant derrière lui, je lui souffle simplement ces quelques mots à l'oreille : « Savez-vous, monsieur Pagès, que votre manière d'agir envers notre ami a tout lieu de m'étonner... et qu'elle semble être principalement le fait d'une haine particulière... dont vous êtes l'instrument par trop complaisant! »

Ces paroles qui font allusion au maréchal-des-logis de Thiers, qui pour se venger de Rixin a bien pu être capable, selon mon idée, d'écrire soit à son collègue, soit à ce gendarme, pour le lui recommander..., impressionnent vivement le gendarme Pagès qui se retournant brusquement, me répond d'un air effaré :

— Comment cela. Monsieur ?

— Comment cela ? reprends-je enhardi par cette expression de frayeur qui me prouve que j'ai touché juste. Eh parbleu, parce que notre ami est un parent du préfet de la Seine, M. Berger (oncle de sa belle-fille), qui n'a consenti, croyez-le bien, à le laisser transporter en Afrique que pour l'éloigner pendant quelque temps d'un pays où il a beaucoup d'influence, et non pour qu'il soit maltraité comme vous voulez le faire.

Ces derniers mots achèvent de déconcerter le misérable Pagès qui cette fois abandonne enfin la chaîne qu'il tient encore à la main, et se retire ensuite tout confus et sans plus rien dire derrière ses camarades qui paraissent très-contents de cette retraite.

Le rassemblement de son côté, en voyant le mouvement du gendarme qui indique un renoncement complet à ses ridicules projets, redevient aussi plus calme, et commence même à se dissiper.

Néanmoins, malgré ces bonnes dispositions de la foule, les gendarmes ne sont pas entièrement rassurés, et par mesure de prudence ils nous amènent à leur caserne pour ne nous faire partir que lorsque tout le monde aura disparu.

Chemin faisant, deux jeunes dames qui se donnent le bras se rapprochent de nous, et l'une d'elles me glisse furtivement dans la main qui reste libre un petit rouleau assez lourd, en me suppliant du regard de l'accepter ; mais en m'apercevant que c'est de l'argent je la remercie, en la priant de le réserver pour d'autres de nos amis qui pourraient être plus malheureux que nous.

Elle veut m'adresser quelques paroles, sans doute pour insister, mais elle n'en a pas le temps, parce qu'on nous prie d'accélérer le pas. Je la remercie de nouveau du geste, mais en voyant la contrariété peinte sur son visage, je suis presque désolé d'avoir refusé, et j'ai le cœur serré surtout de ne pouvoir connaître des personnes si compatissantes.

Après une demi-heure d'attente à la gendarmerie nous montons en voiture et nous partons enfin, ayant à nos côtés le gendarme Pagès.

Nous avons déjà parcouru près de quatre kilomètres de pays sans prononcer une seule parole, tellement nous sommes livrés à nos propres réflexions, lorsque Rixin qui n'a cessé de regarder son voisin d'un œil irrité, qui exprime une forte envie de lui chercher querelle, se dispose, pour chasser probablement cette idée de son esprit, à fumer. Mais n'ayant pas de papier à cigarettes et m'en ayant demandé, il est saisi d'étonnement en même temps que transporté d'indignation, en voyant la main du gendarme lui tendre immédiatement et avant que j'aie eu le temps de le sortir de ma poche, l'objet en question.

— Eh quoi, vilain Tartufe... oses-tu bien, après ce qui s'est passé, s'écrie Rixin en le toisant avec mépris, me faire une semblable politesse ! Et sans ajouter un mot de plus il tourne le dos au gendarme qui reste muet et atterré, ce qui surprend un peu le père Combe et Chassagne qui ne comprennent rien à ce revirement d'attitude.

Moi seul qui en ai le secret, je me contente de sourire, satisfait de voir humilier par notre ami... cet homme qui s'est montré si grossier, sinon si méchant envers lui.

Après sa réponse qui l'a assez vengé, Rixin revenu au calme se met tranquillement à causer avec nous de choses diverses.

Nous ne tardons pas à arriver à Tain, où nous sommes reçus avec la plus grande bienveillance par le maréchal-des-logis de cette brigade, qui s'empresse, sitôt que nous sommes descendus de voiture, de nous installer dans son jardin pour nous permettre de déjeuner plus agréablement. Voulant ensuite nous faire goûter du bon crû du pays, qui, comme on sait, a une certaine réputation, il nous envoie par sa femme deux bouteilles de l'Ermitage, accompagnées d'une assiette de fruits.

Ses gendarmes, qui doivent nous conduire, viennent aussi nous serrer la main et choquer le verre avec nous. Ils se font un plaisir également, sur notre demande, de nous communiquer nos dossiers, auxquels jusqu'alors nous n'avions pas encore songé, et qui nous apprennent l'existence, l'organisation des fameuses commissions mixtes dont nous avions bien entendu parler un peu, sans trop savoir au juste quel en était le but,... mais que notre condamnation à la turque — et encore en Turquie je crois qu'on ne juge pas sans entendre, — qui est celle de la transportation en Afrique, avec cette désignation... en plus et en moins, nous décèle suffisamment.

Rixin et moi nous avons les honneurs de la plus forte dose, qui est de dix ans,... rien que cela !... le père Combe et Chassagne, ceux de la petite, qui est de cinq,... ce qui n'est pas peu de chose non plus !... Et chaque dossier, pour motiver la condamnation, est farci, bien entendu, de notes plus ou moins montées en gammes... mais pas de musique !... ou plus ou moins pittoresques comme celle-ci, par exemple, à mon adresse :

« Lavelle, peintre, républicain exalté, ne rêvant que le désordre, et ayant » envahi la mairie de Thiers à la tête des ouvriers. »

On voit d'ici, je ne dirai pas notre surprise et notre indignation à la lecture de ces notes, — parce que, d'après ce qui s'est déjà passé, rien ne doit plus nous étonner de la part des bonapartistes, — mais, bien au contraire, nos sourires et nos exclamations ironiques.

En quittant Tain, nous remercions vivement le maréchal-des-logis et sa brigade du bon accueil qu'ils nous ont fait, et surtout de leur courage à nous montrer ainsi de la sympathie dans des moments si difficiles... et cette réception qui nous a fait presque oublier nos désagréments de Vienne, nous amène à songer par reconnaissance à ce dicton populaire : « que, s'il y a femme et femme, il y a aussi gendarme et gendarme ! »

Après Tain, la première prison où nous devons nous arrêter est celle de Valence, où nous passons trois jours, et le repos que nous y prenons nous permet de reprendre avec courage notre pitoyable course... à la charrette, qui nous mène à Montélimar, où nous avons le plaisir de reconnaître dans la première sentinelle de la prison que nous rencontrons le fils de notre concierge de Thiers, du père Duché. Nous y recevons la visite du maréchal-des-logis, qui, après avoir causé avec nous, et craignant sans doute quelque tentative d'évasion de notre part, cherche, pour nous éloigner de cette idée, à nous intimider en nous racontant que, lorsqu'il était soldat, et qu'il avait des prisonniers à conduire, tant soit peu récalcitrants, il les faisait attacher à la queue des chevaux... pour les empêcher de s'échapper.

Nous rions volontiers de cette fanfaronnade passablement excentrique, en traitant notre homme, qui se distingue par une forte épaisseur d'abdomen ne plaidant pas trop en sa faveur, au point de vue belliqueux,... de farceur.

Cette réponse, toute plaisante qu'elle est, ne le rassure que médiocrement. Cependant, en nous quittant, il daigne nous annoncer qu'il aura l'honneur... de nous accompagner lui-même le lendemain.

Mais le lendemain, nous ne voyons pas de maréchal-des-logis. Nous en faisons la remarque aux gendarmes qui nous conduisent, en leur racontant ce qu'il nous a dit. Ils en rient, et le traitent de gascon et de poule mouillée, en ajoutant qu'il est coutumier du fait.

De Montélimar nous allons à Aix, où nous séjournons deux jours. Dans cette prison, nous voyons, pour la première fois, des galériens. On nous les fait remarquer au moment où, rentrant le soir de leurs travaux de la journée en ville, ils traversent la cour où nous nous promenons pour aller se coucher. Ils sont au nombre de huit, et leur aspect nous impressionne beaucoup. Parmi eux, il en est un surtout qui, bien plus jeune que les autres, car il peut avoir 16 à 17 ans, attire plus particulièrement notre attention, et nous nous demandons, frappés de la beauté de son visage, de la douceur de son expression,... quel peut être son crime.

A Avignon, la vue du château des Papes, dont la masse formidable est imposante, et qui est converti en grande partie en prison, nous étonne quelque peu ; ses profonds cachots et sa salle des tortures surtout nous rappellent les plus tristes souvenirs de notre histoire. Nous y restons également deux jours, pendant lesquels, si nous avons à nous plaindre un peu la nuit de la piqûre des cousins,... nous n'avons en revanche le jour qu'à nous louer de la conduite du concierge, qui se montre très-prévenant et très-complaisant. Aussi, sur sa demande de lui laisser en qualité d'artiste quelque petit souvenir de notre passage dans sa prison, m'empressé-je de dessiner au fusin et au gros crayon, sur un des panneaux de sa salle à manger qu'il a mise à notre disposition pour nos repas, une des vues de Thiers que j'ai eu l'occasion de peindre, que nous appelons le pont de Saint-Jean, et dont il est enchanté !...

A Marseille, excepté Rixin qui a déjà fait un voyage en Amérique, nous ouvrons, le père Combe, Chassagne et moi, de grands yeux pour mieux voir, pour mieux contempler la mer, que nous ne connaissions pas encore. Nous y remarquons aussi la Canebière, qui ne nous semble pas être à la hauteur de la réputation de grandeur et de magnificence qui lui est faite, et que nous traversons pour atteindre la côte de Saint-Nicolas, sur le sommet de laquelle est situé le fort où nous devons passer la nuit, et que nous gravissons avec plaisir, enchantés de la vue pittoresque et de l'exercice qu'elle nous procure.

Le lendemain matin, à notre départ, nous sommes six, au lieu de quatre, parce que deux nouveaux venus qui nous ont précédés au fort ont augmenté notre petite troupe. L'un, M. Beillard, âgé d'une cinquantaine d'années à peu près, est un prêtre du Moutier, petite ville du département du Doubs, et comme nous condamné à la transportation ; et le crime qui lui a valu cette condamnation est celui de s'être permis parfois de dire dans ses prédications quelques mots... en faveur de la République ; l'autre, tout jeune encore, est un maître-maçon du même pays.

Après avoir déjeuné à Ollions, dont la route comme la situation du village nous ont, par leur aspect si accidenté et si agreste, grandement surpris et passablement distrait, et où on nous a fait la gracieuseté de nous offrir des grenades du pays, nous allons coucher à Aubagne.

Le lendemain, nous arrivons enfin à Toulon, sans avoir éprouvé, à partir de Valence, la moindre contrariété dans les autres prisons, sans avoir eu non plus le moindre petit démêlé avec messieurs les gendarmes, qui ont été, au contraire et presque toujours, très-empressés à nous être agréables.

Nous sommes conduits au fort Lamalgue, où fut enfermé, sous Louis-Philippe, et comme prisonnier de guerre, l'émir Abd-el-Kader. Mais là, contre notre attente, il faut dire cependant que c'est la dernière vexation que nous ayons eu à subir : nous sommes enfouis, pour ainsi dire, dans des casemates qui ne reçoivent un peu de lumière que par des soupiraux, et où nous n'avons pour tout lit qu'une simple paillasse, encore sans couverture !

Nous pourrions réclamer contre un pareil logis et contre un semblable ameublement, qui sont hantés, l'un par de nombreux rats que nous entendons trotter autour de nous pendant toute la nuit, et qui seraient tentés volontiers de mordre à notre épiderme si nous n'y prenons garde ; l'autre par d'innombrables puces qui semblent avoir pris le parti de nous agacer par leurs piqûres incessantes ; mais nous n'en faisons rien, préférant supporter notre misère en bons philosophes, et en rire même, plutôt que d'adresser la moindre plainte au pacha du lieu, et dont nous ne songeons pas seulement à nous informer du nom.

Du reste, nous avons une compensation à cet acte absurde et lâche de l'administration du fort, et qui nous suffit : c'est celle de pouvoir passer la journée sur ses terrasses, où nous avons pour siéges des canons au repos, et où notre premier soin, en y montant le matin, est de faire la chasse aux puces qui ont envahi nos vêtements, et d'où ensuite, pour nous récréer, nous nous amusons à contempler la mer et à jeter de temps en temps un coup d'œil sur les alentours de la ville, qui sont très-pittoresques.

J'ajoute parfois à cette récréation celle de dessiner, à travers les créneaux, quelques-uns des principaux points de vue de tout cet ensemble, et l'autorisation m'est accordée par le sergent de surveillance, en considération de son portrait que je lui ai fait à la mine de plomb, et qui lui a fait grand plaisir.

Cependant, un matin, et après huit à dix jours, ou pour mieux dire après huit à dix nuits de souterrain, cet estimable sergent, qui vient habituellement nous prendre pour nous mener sur la plate-forme, nous annonce notre changement... de domicile !

— Ah ! enfin !... dit Rixin, on s'est donc cette fois décidé ?

— Il paraît qu'oui ! et ce n'est pas trop tôt,... reprend le sergent en levant les épaules et presque plus joyeux que nous de cette bonne nouvelle.

Et il nous conduit immédiatement dans une arrière-cour qui est assez vaste et où il y a plusieurs salles situées au rez-de-chaussée, et qui sont en partie occupées par des soldats.

— C'est ici, nous dit notre homme en nous faisant entrer dans la première, où la vue de sept à huit lits bien rangés et bien propres nous met en belle humeur.

— Sapristi!... s'écrie le père Combe qui les admire, — c'est vraiment le paradis... après le purgatoire! Ah! qu'ils sont donc bons catholiques... ces farceurs de bonapartistes! Et encore,... reprend-il en s'adressant au sergent, nous serons seuls là-dedans, n'est-il pas?

— Pas tout à fait,... répond celui-ci en riant et en nous montrant du doigt un jeune homme de 27 à 28 ans à peu près qui revient en ce moment de la cantine où il est allé prendre son déjeuner, et qui, en nous abordant, nous souhaite la bienvenue.

Ce jeune homme, qui est, autant que je puisse me le rappeler, un M. Buisson, de Toulon même, nous apprend qu'il est aussi détenu politique, et qu'arrêté tout récemment, il attend, lui aussi comme nous, son départ pour l'Afrique.

Nous continuons de passer nos journées, sinon pleines, du moins en grande partie sur les terrasses, ce qui, avec notre nouveau logement plus confortable et le beau temps qui n'a cessé de se maintenir depuis notre arrivée à Toulon, contribue à nous rendre le séjour du fort, où nous restons près d'un mois, bien plus supportable.

Quoique nous ne soyons que sept, nous ne sommes pas moins très-divisés au point de vue religieux ; car il y a parmi nous : catholiques, protestants et libre-penseurs. Mais, à cause de cette division, et quoique nos compagnons ne soient pas doués d'une forte dose de conviction, pour vivre en bonne harmonie, nous évitons toute espèce de discussion à ce sujet, et également le plus possible au point de vue politique.

Depuis que M. Beillard est avec nous, le père Combe, qui pensait que son arrestation était due plutôt à la cause religieuse qu'à celle politique, abandonne un peu cette idée.

Mais nous, nous sommes tous persuadés qu'il y a un peu de l'une et de l'autre.

CHAPITRE VII.

—

C'est le 3 novembre que nous montons décidément à bord de l'*Orénoque*, vaisseau à voiles et à vapeur, qui doit nous conduire en Afrique, et sur lequel nous nous trouvons en compagnie d'une centaine de militaires envoyés dans les pénitenciers pour cause d'indiscipline.

Pendant l'appareillage, nous sommes consignés dans une cabine où un monsieur d'une quarantaine d'années, qui est assis à côté d'un guéridon, est occupé à écrire. Après avoir répondu très-poliment à notre salut, il reprend tranquillement sa besogne avec tout l'aplomb d'un homme qui est chez lui.

Ce personnage qui ne manque pas de physionomie, nous préoccupe quelque peu, nous nous demandons si c'est un passager, un employé du vaisseau, ou un agent secret. Nous voudrions bien entamer la conversation avec lui pour savoir à qui nous avons à faire, mais le déjeuner tout fumant et qui nous paraît très-confortable que nous apportent en ce moment deux marins, nous détourne facilement de cette idée.

Après notre repas, et l'appareillage étant terminé, nous montons sur le pont où nous nous réjouissons de voyager pour la première fois sur la mer, et surtout à bord d'un vaisseau qui fend si rapidement les eaux.

Le temps qui est toujours très-beau, la manœuvre des marins qui nous intéresse beaucoup, l'examen du vaisseau dont nous voulons nous rendre un peu compte de la construction intérieure, et l'espoir surtout d'apercevoir dans la mer sur laquelle nos yeux sont toujours fixés, quelques monstres marins... qui n'apparaissent pas, si ce n'est cependant une énorme tortue qui nage entre deux eaux, nous font passer bien vite cette première journée.

La nuit venue, on nous distribue à chacun une couverture de laine qui doit nous servir de couche, et nous garantir en même temps du froid qui ordinairement en mer devient très-sensible vers les deux ou trois heures du matin.

Elle ne nous parait guère plus longue que le jour, grâce à la lune dont la vive clarté nous permet de voir ce qui se passe sur le pont, ce qui nous procure quelque distraction.

Le deuxième jour est aussi agréable que le premier, ce dont nous sommes même un peu contrariés, parce que nous ne serions pas fâchés de voir arriver un petit grain qui pût nous faire goûter du mal de mer que nous voudrions connaître, afin de pouvoir l'apprécier.

Cependant la nuit survient de nouveau, et rien encore ne semble nous faire pressentir que madame la providence ait daigné prendre notre souhait en considération, lorsque vers dix heures, des nuages commencent à paraître, et s'accumulant de plus en plus, finissent par nous faire espérer un changement de temps.

Mais nous commençons dès lors à ne plus être à notre aise, et les minutes nous paraissent beaucoup plus longues, parce que nous sommes plongés dans l'obscurité la plus complète.

Ne sachant que faire pour nous dissiper, nous cherchons à nous réfugier dans le sommeil que nous pensons trouver à l'entrepont. Mais à peine y avons-nous passé quelques instants, que nous sommes obligés de le quitter, à cause de l'odeur de la vapeur qui y est très-forte, et que nous ne pouvons supporter.

Il nous est impossible non plus d'y parvenir sur le pont, le bruit des manœuvres, du sifflet et du deboute-deboute... passablement fréquent et prolongé du contre-maître, nous en empêchant.

Alors de guerre lasse, nous prenons le parti de nous asseoir contre les bastingages, à l'abri le plus possible du choc des grosses chaines qui roulent parfois sur le pont, et avec fracas, pour le service du navire, et qui pourrait facilement, si nous n'y prenions garde, nous endommager sérieusement les pieds et les jambes.

Là du moins, si nous ne pouvons dormir, nous pouvons être plus tranquilles, et nous livrer presqu'en toute sécurité à la conversation dont le sujet principal est le service du marin, que nous trouvons très-pénible, surtout pendant la nuit, et sur le sort duquel nous finissons même par nous apitoyer, en songeant combien il doit l'être encore davantage pendant la mauvaise saison, alors que la tempête gronde, ou que la neige et la glace ont raidi les cordages et couvert le vaisseau.

Enfin, le jour qui a fini par paraître et que nous saluons avec joie, vient faire une heureuse diversion à nos ennuis de la nuit ! Mais elle n'est pas de longue durée, parce que des nuages qui n'ont cessé d'obscurcir le ciel, s'échappe bientôt un petit vent qui... commence à agiter la mer qui a son tour produit un roulis dont le gracieux effet... est de nous faire balancer tantôt à droite, tantôt à gauche, comme des hommes ivres, et un tangage qui à mesure qu'il devient plus prononcé, nous fait descendre tantôt l'estomac dans le ventre, et remonter tantôt le ventre dans l'estomac... ce qui nous remue passablement la bile : surtout celle du père Combe qui s'écrie en faisant tous ses efforts pour se maintenir en équilibre, et en brandissant sa canne : Sapristi... mes amis... je crois que décidément le petit grain demandé est venu, et qu'il ne va pas tarder à produire... ce que nous en attendions ? qu'en dites-vous ? ajoute-t-il en nous regardant avec une expression goguenarde.

— Parbleu... ! répond vivement notre ami Chassagne en se frottant l'abdomen, nous disons qu'on s'en aperçoit bien... !

Et en effet tous les symptômes qui annoncent ordinairement le mal de mer, ne sont que trop évidents, car en outre des hommes qui commencent à se plaindre, nous entendons les chevaux tousser, la volaille éternuer, et nous voyons messieurs les marins se dépêcher d'apporter les baquets sur le pont.

Ces symptômes qui se manifestent de plus en plus, finissent même par rendre notre promenade que nous avons reprise avec le jour, presqu'impossible, et m'oblige à aller me jucher auprès de M. Beillard qui, installé sur une grande caisse de cheval, vide, m'a appelé près de lui, en m'assurant que je serais mieux là que partout ailleurs.

Mais à peine y ai-je monté, que je sens se passer en mon individu quelque chose... qui n'est pas rassurant.

— Ah ! ah... ! dis-je à notre nouvel ami qui a remarqué cette impression, je crois cette fois que je suis... pincé !

— Allons, allons... répond M. Beillard qui n'a encore subi aucune atteinte, ne craignez rien, couchez-vous seulement sur la caisse, et vous verrez que ça vous passera.

Je m'empresse de suivre son conseil, mais je suis obligé de me relever presqu'aussitôt pour me débarrasser au plus vite de ce qui enfin m'incommode pour tout de bon, et encore comme il faut descendre de la caisse afin de gagner le prosaïque baquet... je ne puis le faire assez à temps pour éviter une bordée qui, s'échappant de mon estomac comme le jet d'eau d'une seringue, va rejaillir avec profusion sur la tête et les épaules des soldats et passagers qui sont assis, adossés contre cette caisse. Des jurons, des exclamations de colère accueillent bien entendu cette inondation imprévue, d'un genre peu agréable..., mais je n'ai ni le temps de les entendre, ni encore moins celui de faire des excuses. tellement je suis pressé d'aller aux susdits baquets où j'arrive en tourbillonnant... et dans lesquels je continue de payer... un large tribut à madame la Mer.

Lorsque cet exercice..., qui doit durer jusqu'à notre entrée dans le port d'Alger, avec quelques intervalles de répit plus ou moins prolongés, s'est un peu apaisé, je jette un coup d'œil sur le pont, et en voyant le spectacle comique de gens qui font la bascule à chaque instant, qui se pressent le ventre avec de piteuses grimaces, ou qui marchent vivement pour accélérer la délivrance du mal qui les tourmente, j'éprouve, quoiqu'il me fasse de la peine, et quoique mon tour ne puisse pas tarder à revenir, une forte envie de rire.

Parmi ceux qui s'agitent le plus, je remarque le père Combe qui fait manœuvrer sa canne plus vivement que jamais.

— Eh bien... lui dis-je en l'abordant, ça ne va donc pas ?

— Non, sapristi ! et je suis presque furieux de ne pouvoir faire comme vous autres... parce que je souffrirais moins ! s'écrie le père Combe.

Je lui réponds qu'il ne faut pas se désespérer, et que son tour viendra comme à nous.

— Ta ta ta... j'ai bien peur que non, parce que je suis un vieux dur-à-cuire... très-difficile à la détente ! exclame-t-il de nouveau avec un sérieux comique admirable, et en reprenant sa promenade.

Je quitte le père Combe pour aller voir Rixin qui, appuyé à quelques pas de là sur les bastingages, est sous le coup de violents efforts dont les effets... aboutissent également à la mer.

— Tiens, vous voilà ? me dit-il en se retournant.

— Eh oui, réponds-je, je viens faire chorus avec vous !

— Faire chorus avec moi ? vous plaisantez... ? vous ne voyez donc pas que c'est la toux qui me tourmente? reprend Rixin avec un aplomb superbe. Et en même temps mon homme éprouve un nouvel effort dont le résultat est bien différent de celui de la toux.

Ne voulant pas contrarier Rixin dans sa petite vanité qui consiste à ne pas vouloir paraître soumis à la dette commune, je le laisse livré à sa prétendue toux .., et passant à l'écart, je me mets à contempler le ciel et l'eau qui, noyés en ce moment dans une vapeur grise, semblent ne former qu'un seul élément dont l'immensité paraissant sans bornes, m'impressionne fortement, et me fait admirer la puissance de la pensée qui donne à l'homme, si petit pourtant par la forme, en face de ce vaste espace, la faculté de se diriger, et de vaincre tous les obstacles qui peuvent s'opposer à sa volonté... de cette pensée qui en prouvant par la science l'existence d'autres mondes, d'autres globes encore plus grands que la terre, doit conduire tout esprit intelligent à cette conclusion rigoureuse au point de vue de l'harmonie dans la nature, et de la logique : que c'est dès lors le plus grand et le plus parfait de tous, qui gouverne l'univers, comme notre cerveau dirige notre corps.

Et les principes qui se rattachent à cette croyance, qu'on pourrait appeler à la rigueur la croyance scientifique, sont sans contredit ceux du bien, que constitue l'honnèteté et le travail, seules bases solides de toute société, parce qu'ils procurent : la considération, la sécurité, l'intelligence et le bien-être.

Je me laisserais aller très-volontiers plus avant dans ces réflexions..., si le mal dont je suis tourmenté se montrait moins exigeant, mais il n'en est pas ainsi, et il faut se résoudre au contraire à retourner vivement au baquet.

Et puis je commence à m'apercevoir que je suis passablement fatigué et très-affaibli, parce que ne pouvant plus prendre aucune nourriture, le mal m'en empèchant, je ne subis pas moins les mèmes efforts que si l'estomac était bien garni, ce qui est encore plus mauvais.

Cette fatigue, cette faiblesse deviennent bientôt si grandes, que ne pouvant plus marcher, ni même rester debout, je prends le parti de me laisser choir sur le pont, tout ahuri de l'état dans lequel je me trouve, et avec cette persuasion peu attrayante que si le mal devait durer un jour de plus seulement, il ne m'en faudrait pas davantage pour être converti en un bel et bon petit mets destiné... pour les poissons.

Cependant, après quelques instants de prostration pour ainsi dire, et en songeant que nous ne devons pas être maintenant bien éloignés des côtes d'Afrique, je reprends courage, et en effet, je ne tarde pas à entendre prononcer le mot... terre ! mot magique, qui en nous donnant la certitude de gagner bientôt le port, ranime nos esprits, et fait tout à coup de nous qui il y a à peine quelques minutes, ressemblions à des morts... de véritables ressucités ! Se levant, se secouant, et sortant de leur couverture comme d'un linceul, et avec un soupir de soulagement accompagné malgré moi de ces quelques mots... quelque peu ironiques : Ah ! vous vouliez tâter du mal de mer... ?

Une demi-heure après, nous sommes en face d'Alger, et nous dévorons du regard plutôt que nous ne l'examinons, son magnifique port, son amphithéâtre de constructions qui sont un mélange très-original de formes arabes et européennes ; sa végétation vigoureuse et si différente de la nôtre, toutes choses nouvelles pour nous et qui éclairées par un soleil resplendissant, nous obligent à proclamer que l'Orient est décidément une des plus belles parties de notre globe, et des plus favorisées sous le rapport du climat.

Nous ne nous lasserions pas de rester en contemplation devant cet admirable tableau qui nous fait oublier nos petites misères, et même la faim qui commence à nous aiguillonner, si un matelot ne venait nous en arracher, en nous priant de le suivre.

Il nous mène dans la cabine où nous sommes restés pendant l'appareillage, et où nous retrouvons le même personnage que nous avons déjà vu, et toujours occupé à écrire.

— Messieurs, dit le matelot en nous quittant, le temps de débarquer les soldats, et de déjeuner, ce qui sera l'affaire d'une heure à peu près, nous remonterons ensuite sur le pont.

Un instant après nous attaquons avec tant de plaisir et tant d'ardeur des biftecks aux pommes de terre frites, que les deux marins qui nous avaient déjà servis lors de l'embarquement nous ont apportés, que notre compagnon de cabine, qui lève de temps en temps la tête pour nous voir fonctionner, ne peut s'empêcher de rire.

Mais ce qui nous réjouit surtout après le repas qui a dissipé tout à coup en nous, et comme par enchantement, les mauvais effets du mal de mer, c'est la rentrée de nos deux marins qui déposent devant nous un plateau chargé de tasses de café, et une soucoupe garnie de cigares ! en nous disant simplement : — De la part du capitaine.

Nous voulons leur offrir un pourboire pour cette aubaine inattendue, et les prier surtout de remercier leur chef de sa gracieuseté à notre égard, qui est peut-être une marque de sympathie politique, mais avant que nous ayons pu leur adresser la parole, ils ont déjà disparu.

Lorsque le marin qui doit venir nous reprendre est descendu, le monsieur qui écrit toujours, arrête enfin sa besogne, plie ses papiers, et prenant une valise qui est à côté de lui, se dispose à nous suivre.

Mais à notre grand étonnement, l'homme de mer l'arrête en lui disant qu'il est consigné, et que lorsque son tour de partir sera venu, on viendra le chercher.

Cette scène imprévue qui nous cause quelque peine, quoique notre compagnon de cabine n'ait pas l'air de bien s'en émouvoir, nous fait aussi supposer qu'il est un transporté comme nous, mais dont la destination est sans doute différente de la nôtre.

Arrivés sur le pont, on nous fait descendre immédiatement dans une barque où nous attendent deux agents de police chargés de nous conduire au Lazaret, et qui font signe à quelques Algériens qui rament sur nous pour nous offrir des oranges, de passer au large.

Pendant la traversée qui dure tout au plus une demi-heure, ces messieurs nous parlent du personnage de la cabine, et nous disent que c'est un voleur qui doit être conduit à la prison d'Alger, et qui a été signalé par dépêche télégraphique au capitaine de l'*Orénoque* lors de notre embarquement.

Cette nouvelle à laquelle nous avons de la peine à croire, nous déroute tellement sur les qualités de notre susdit compagnon, que ne sachant plus à quelle conjecture nous arrêter sur son compte, nous prenons le parti de ne plus nous en préoccuper.

CHAPITRE VIII.

—

Lorsque nous avons abordé le Lazaret, les agents nous présentent au capitaine chargé de la direction de cet établissement, qui après avoir inscrit sur un registre le jour de notre arrivée, nos noms, prénoms et professions, nous demande si nous voulons être internés ou aller au camp.

L'internement comportant notre séparation et l'obligation de vivre entièrement à nos frais, dans un pays où probablement les ressources sont très-restreintes, nous donnons naturellement la préférence au camp, sauf à le quitter plus tard, si son séjour ne nous convient pas.

Cette formalité remplie, le capitaine nous fait conduire par un sergent dans la salle qui nous est réservée et qui est de plein-pied ; mais avant d'y entrer, je suis fort surpris de m'entendre appeler, et de voir en me retournant s'avancer vers moi un jeune soldat qui est de faction, et qui me tend la main en s'écriant : « Ah ! monsieur Lavelle..., vous ici ? quel plaisir de vous voir ! » mais vous ne me connaissez peut-être pas ! je suis du village de Chez-Terme, où vous veniez si souvent dessiner... et où... » Ici le pauvre garçon est vivement interrompu, et ne peut en dire davantage, parce que le sergent qui nous accompagne lui fait observer qu'il oublie la consigne.

Emu de cette rencontre inattendue, et contrarié en même temps de l'exigence du sergent qui se comprend du reste, je peux néanmoins l'engager à venir nous voir quand il sera libre ; mais cette permission lui aura été sans doute refusée, car je n'ai pas eu cette satisfaction.

Le même jour, dans la soirée, je reçois une visite à laquelle je suis loin aussi de m'attendre ; c'est celle d'un jeune peintre de Paris, M. Jules Gaudens, qui ayant appris par le capitaine du Lazaret dont il a fait le portrait, qu'il y avait parmi nous un collègue, a voulu le voir et lui serrer la main.

La question du portrait m'a fait souvenir de ma lettre de recommandation au général Carbuccia, qui me serait d'une grande utilité au point de vue d'un bon appui et du travail, si je voulais m'en servir, mais j'abandonne bien vite cette idée en songeant au coup d'État...

Je remercie M. Jules Gaudens de ses bons sentiments, il m'apprend ensuite que transporté comme nous pour la même cause, il s'est fait interner à Alger où il se trouve très-bien.

En me quittant, il m'engage beaucoup à aller le voir, ce que je lui promets volontiers, enchanté que je suis d'avoir fait sa connaissance.

Le surlendemain, après avoir expédié nos effets au camp par les prolonges de service, nous partons sur les huit heures du matin, ayant pour guide un autre sergent qui paraît très-gai, et qui, dit-il, est très-content de parcourir à pied avec nous, les neuf à dix kilomètres qui forment la distance d'Alger à Birkadem.

Comme il y a deux chemins qui conduisent au camp de Birkadem, nom qui signifie en français puits de la Négresse, l'ancien et le nouveau, nous donnons la préférence au plus vieux que l'on prend par le faubourg de Mustapha-Supérieur, un des quartiers les plus élevés de la ville, qui domine la mer : la plaine de la Mitidja, et les montagnes du grand et du petit Atlas.

Ravis de la beauté de ce vaste panorama, nous nous arrêtons pendant un bon quart d'heure au moins pour le contempler tout à notre aise, et avec d'autant plus de plaisir que nous n'avons ni chaîne au poignet, ni gendarmes à nos côtés ! Nous gagnons ensuite par une voie romaine, assez bien conservée, la campagne qui est presque entièrement composée de mamelons, de petites vallées, d'un aspect fort agréable, et au fond desquels se trouve un village arabe qu'on appelle Bir-Mandrès, qui est avoisiné de quelques maisons européennes, dont une surtout attire immédiatement notre attention par sa forme plus élégante, et par l'épais ombrage dont elle est entourée.

—Parbleu ! exclame Rixin en l'examinant, c'est un restaurant maltais ! quelle aubaine, vu la chaleur qui nous étouffe et l'appétit qui nous dévore ! et s'adressant au sergent, il lui demande s'il en connaît la cuisine.

Sur la réponse affirmative de notre conducteur qui ajoute qu'elle est excellente et à un prix très-modéré, Rixin nous engage à en prendre possession, ce que nous nous empressons de faire, tellement nous sommes de son avis. Après avoir décliné nos qualités... et nos intentions, le restaurateur et sa femme se mettent activement à la besogne, et nous font bientôt servir sous une tonne où nous sommes très-bien, un copieux et excellent déjeuner auquel nous faisons largement honneur, et qui stimule d'autant plus notre bonne humeur, qu'il est arrosé par un vin d'Espagne passablement chaud et généreux.

Notre repas terminé, notre estimable sergent nous conduit dans un café arabe qui ordinairement est adossé à une fontaine, et a presque toujours comme pendant, une école.

Nous le trouvons rempli d'indigènes, qui assis sur de longues banquettes, et les jambes croisées comme nos tailleurs, couvent des yeux la tasse de café qu'ils ont devant eux, et le dégustent lentement en accompagnant chaque gorgée d'un jet de fumée qu'ils aspirent avec délices... soit de leur longue pipe, soit de leur cigarette.

A notre entrée, tous les regards se reportent sur nous, et toutes les têtes répondent à notre salut par force inclinaisons et force sourires; plusieurs d'entr'eux ne craignent même pas de se déranger pour venir nous serrer la main, et nous dire avec une expression de cordialité qui nous paraît très-franche : « Vous bons Français ! vous ici pour la liberté ! » paroles qui sont suivies d'un murmure d'approbation de toute la salle, et d'une offre, de la part du cafetier, d'oranges et de tabac, qu'il nous présente dans des corbeilles, et dont sont toujours abondamment pourvus les cafés arabes.

Nous prenons place à une des quelques tables qui se trouvent au milieu de la salle, et sur laquelle nos tasses sont déjà posées. Chacune d'elles contient à peu près la valeur d'une cuillerée de café simplement concassé, sur lequel le maître de l'établissement vient verser de l'eau bouillante sucrée, en nous disant : « Pas tout à fait comme en France..... mais bono, bono tout de même ; laissez reposer, et vous verrez..... après. »

Nous suivons son conseil, et lorsque nous le prenons, nous le trouvons en effet excellent, ce qui enchante le bon musulman.

Pendant que nous le savourons à notre tour, j'observe les différents personnages qui nous entourent, et je remarque dans leurs traits, de la finesse et de la douceur ; dans leur constitution, de la vigueur et de la souplesse ; dans leurs manières, de l'élégance et de la dignité ; et enfin dans leurs costumes qui sont en grande partie composés du burnous, de la veste turque et du turban, de la commodité et du bon goût.

J'envie surtout leur chaussure qui n'étant pas serrée comme la nôtre dans la partie du pied qui a le plus besoin précisément d'être à son aise, leur évite les diverses jouissances... du cors, du durillon et de l'œil de perdrix !

Je comprends également l'avantage de leur turban, dont l'épaisseur que je considérais, avant de connaître le soleil d'Afrique, comme un inconvénient, est au contraire une garantie très-gracieuse contre l'ardeur de cet astre qui, par trop piquante, leur brûlerait le cerveau, sans cette coiffure.

En somme, après cet examen et après ces réflexions, je conclus à part moi, que la race arabe est sinon la plus belle, du moins une des belles races du monde, et je me plais à reconnaître aussi que sous le rapport des besoins, des commodités de la vie, son esprit tend toujours le plus possible à réaliser cette devise intelligente : joindre l'agréable à l'utile.

Nous avons fini de prendre notre café auquel, si la loi du Koran ne s'y opposait pas, nous aurions volontiers ajouté quelques gouttes de cognac ou de rhum, et nous nous disposons à demander au cafetier le prix de notre consommation pour le rembourser, quand le sergent intervenant, nous dit que cela ne nous regarde pas.

Malgré notre insistance à ne pas vouloir lui laisser dépenser son argent, il persiste et paye le musulman, en s'écriant : « Allons donc, Messieurs..... je peux bien me permettre, sans porter tort à ma bourse, un modeste déboursé de 35 centimes. » A notre exclamation d'étonnement pour la modicité de cette dépense qui ne porte la tasse qu'à 05 centimes, et à laquelle nous avons de la peine à croire, le sergent répond qu'il en est ainsi dans tous les cafés arabes, et il nous apprend qu'en Algérie, le sucre, le tabac et le café sont excessivement bon marché.

En sortant, nous recevons comme à notre entrée, de nombreux salamalecs !

Lorsque nous sommes hors du village, et avant de reprendre la route de Birkadem, nous nous dirigeons vers une maison de campagne maure que nous avons aperçue, et que, poussés par la curiosité, nous voulons voir de près, avec l'espoir de rencontrer quelques-uns ou quelques-unes de ses habitants.

Mais il n'en est rien, et cet espoir est déçu, car à notre approche qui devait être entendue ou remarquée, l'habitation reste muette comme une tombe, ce qui nous fait penser qu'elle est abandonnée ; l'aspect aussi de quelques orangers situés à quelques pas de là, et dont les fruits jonchent la terre, achève de nous confirmer dans cette idée. Pour nous consoler de notre déception, nous ramassons les plus frais, et nous nous en payons à loisir.

— Ta ta ta... exclame le père Combe, en en fourrant dans ses poches autant qu'elles peuvent en contenir, et tout émerveillé de voir ces arbres en pleine terre, c'est absolument comme les pommiers dans nos champs !

Notre petite provision faite, nous allons regagner la route du camp sur laquelle nous rencontrons, allant à Alger, une troupe d'Arabes des tribus kabyles sans doute, car ils ont la tête couverte de leur burnous, et ceinte d'une corde qui est, dit-on, faite avec du poil de chameau.

Parmi eux se trouve un vieillard très-âgé, qui, aveugle, est conduit d'une manière tout à fait étrangère à nos habitudes par un jeune homme qui doit être son petit-fils apparemment, et qui appuyant une main sur son épaule droite, la presse tout simplement du côté où le chemin paraît le plus praticable, et ils vont ainsi tous les deux d'un bon pas, ce qui nous donne la certitude que c'est encore là un des meilleurs moyens de guider une personne atteinte de cette infirmité.

Les hommes qui composent cette troupe sont véritablement des types de vigueur et de beauté physique, et la fierté domine dans leur attitude et leur regard, malgré la simplicité de leur costume, car ils semblent n'avoir pour tout vêtement que le burnous qui les couvre entièrement.

A mesure que nous approchons de Birkadem, les coteaux font place un peu plus à la plaine et la campagne devient plus boisée. Aussi voyons-nous pour la première fois, ce qui nous intéresse beaucoup, le chêne-liège, dont les piles mises à nu pour l'exploitation de leur écorce, sont rouges comme du sang ; le chêne vert, le pin maritime, le jujubier, l'olivier qu'enlace parfois la vigne-vierge, ce qui est d'un très-bel effet ; l'arbousier, qui semble être couvert de fraises, et le caroubier, dont le fruit, qui ressemble par sa forme à un long et large haricot, est doux comme une poire confite et en a la couleur lorsqu'il est cueilli un peu après sa maturité.

Nous remarquons également quelques arbustes, par exemple : le myrte, dont l'odeur est si agréable ; le palmier nain, à la tige en forme d'éventail ; le roseau, qui vient par groupes et qui atteint ordinairement une hauteur très-élevée ; l'aloès aux pointes longues et acérées, dont la feuille, en forme de cornet, brille au soleil comme une lame d'acier, et enfin le cactus aux épaisses et larges palmes qui sont couvertes de fortes épines à travers lesquelles pousse la figue de Barbarie, mais qu'on ne peut avoir, si on ne veut pas s'écorcher les mains, qu'avec un bâton fendu au bout en guise de pincettes. Nous ne pouvons en goûter, parce que la saison en est passée.

La plupart des palmes de ces cactus sont criblées de trous, qui indiquent assez qu'elles ont été traversées par des balles, et qui nous rappellent le souvenir de la lutte encore toute récente de nos compatriotes avec les Arabes, lors de leur entrée dans ce pays.

L'aloès, qui abonde, sert ordinairement à clore des terrains, à faire des haies, et ces haies sont si compactes et si bien armées qu'elles doivent tenir terriblement en respect, par leurs formidables piques, le maraudeur qui serait tenté de les aborder.

Après avoir bien couru, bien vu, bien examiné et partout bien admiré, comme de véritables écoliers qui font l'école buissonnière, nous atteignons enfin le but de notre destination ; nous arrivons au camp, qui est situé sur un mamelon qui domine, à sa droite, l'habitation d'une brigade de gendarmes, entourée d'un vaste enclos renfermant un champ de cotoniers, et à sa gauche, le village de Birkadem.

Le camp est une grande construction carrée, sans étage, et qui est avoisinée de deux grandes baraques qui servent de caserne aux soldats chargés de notre garde. A sa porte d'entrée, qui a une assez belle apparence et dont la loge est tenue par une ancienne maîtresse du général Saint-Arnaud..., est placée une sentinelle qui, connaissant notre sergent et le motif qui l'amène, nous laisse passer sans mot dire.

En attendant la venue du lieutenant de notre garde qu'on est allé prévenir, nous avons tout le temps de nous rendre compte de son intérieur, qui consiste en une cour d'un espace assez étendu et ornée d'une allée de mûriers qui longe le mur du côté de la porte. Au milieu est un puits qu'on n'a pas achevé de creuser et auquel plusieurs militaires travaillent en ce moment ; et au fond de chacune des deux extrémités subsiste une maisonnette occupée, l'une par l'infirmerie, l'autre par les transportés.

— Messieurs, vous êtes les bienvenus ! nous dit en nous abordant, et avec un léger accent allemand, le lieutenant Muller. Seulement, reprend-il en souriant, et avec un petit air bonhomme et un clignement d'yeux qui dissimulent mal l'expression de ruse et de cupidité dont sa physionomie est empreinte, j'ai un tout petit reproche à vous faire.

— Et lequel ? répondons-nous.

— Eh ! parbleu, Messieurs, celui tout bonnement d'avoir employé presque une journée entière... à parcourir une dizaine de kilomètres. Ainsi, continue-t-il en consultant sa montre, vous êtes partis à huit heures du matin et vous n'arrivez guère qu'à cinq heures du soir !...

— C'est vrai, lieutenant, ripostons-nous à notre tour : nous avons en effet oublié la marche du temps pour nous livrer à celle des jambes... qui, vous en conviendrez, avaient un rude besoin, après dix mois de retenue, de se remuer un peu... de prendre quelque exercice...

Pour toute réponse à cette observation, le lieutenant se contente de nous dire, en souriant de nouveau et avec le même air patelin, que nous avons droit à nos rations du soir.

Nous le remercions de ce simulacre de bonne intention. — J'emploie cette expression à regret, parce que, sur notre refus de les accepter, il laisse percer malgré lui une satisfaction de lucre plus prononcée, qui nous fait sourire à notre tour. Ensuite, s'adressant à Rixin, il lui demande, et pour ainsi dire à brûle-pourpoint, s'il voudrait bien accepter un emploi dans les bureaux de l'administration militaire.

Rixin, étonné et presque froissé d'une semblable proposition, remercie froidement, en ajoutant qu'il ne se séparera jamais de nous.

Notre entrevue avec le lieutenant Muller terminée, un sergent du camp nous mène dans la salle nº 3, où nous retrouvons nos effets à côté de la couche qui nous est destinée et qui est composée d'une paillasse suspendue, d'une couverture avec... absence de draps, qui doivent être à notre charge, si nous en voulons.

— Voici votre logement et votre lit..., nous dit le sergent d'un ton jovial, en nous montrant du doigt une longue salle qui est déserte en ce moment et une rangée de couches à l'instar de la nôtre. Maintenant, reprend-il sur le même ton, pour ce qui regarde la nourriture, vous avez le matin, à huit heures, une mesure de café noir tout sucré, que vous pouvez convertir, si le cœur vous en dit, en une excellente et copieuse tasse de café au lait de chèvre, en prenant seulement pour cinq centimes de ce liquide aux Arabes qui viennent en vendre tous les jours au camp. Vous déjeunez ensuite à dix heures, et votre dîner, qui est à cinq, est composé de la même façon que le déjeuner, à savoir : d'un potage gras et d'une tranche de bœuf, le tout accompagné, tous les deux jours, d'un pain rond... d'un blanc doré... magnifique !

— Et le vin ? dit Rixin.

— Le vin ! exclame le sergent, oh ! soyez tranquilles, il y en a aussi... Seulement, comme pour les draps, vous le boirez à vos frais. Mais il n'est pas cher, car pour 30 à 35 centimes, pous pourrez, quand il vous plaira, vous en procurer un litre à la cantine, qui est ouverte aux heures des repas, et dans laquelle vous trouverez également, quand vous voudrez faire diversion avec monsieur le bœuf, qui n'est pas toujours bien tendre, et au même prix, un excellent plat de mouton ou de poissons frits ! Mais, du reste, ajoute-t-il, la carte du menu est affichée tous les jours.

— Ah ! ah ! il y a une cantine et une carte ! s'écrie le père Combe, enchanté de cette nouvelle.

— Eh ! oui, grâce à la prévoyance de mon très-cher cousin, dit le sergent.

— Comment ! dit Rixin, c'est votre cousin qui...

— Oui, oui... reprend le sergent, c'est mon cousin qui, en effet, tient la queue de la poêle... aux Tuileries !

— Ah ! farceur... s'écrie Rixin, vous êtes Corse, probablement ?

— Comme vous le dites, Monsieur, exclame le sergent en riant, et d'après votre question je vois que vous n'ignorez pas qu'il est dans les habitudes du soldat corse, quand il parle d'un Napoléon, de le traiter, soit sérieusement, soit en plaisantant, de cousin ?

— C'est vrai, dit Rixin, mais est-ce là tout ce que vous avez à nous dire du régime du camp ?

— Non certainement, continue le sergent, car j'ai encore à vous parler de la discipline qui prescrit :

1º De se lever à sept heures, si toutefois on n'est pas indisposé et, ce qui est plus agréable, au son du clairon qui a la complaisance de vous avertir deux fois ;

2º De répondre, autant dans votre intérêt que dans celui de l'administration qui a la responsabilité de vos personnes, à l'appel qui se fait deux fois par jour, le matin à huit heures et le soir à sept. A partir de cette dernière heure, il est permis, pourvu qu'on ne fasse pas trop de bruit, de se récréer comme on l'entend et de se coucher quand on veut, une bienfaisante lumière ne cessant de briller pendant toute la nuit ;

3º De s'adresser, dans le cas que l'on veuille faire une absence de un ou de plusieurs jours, et en lui en indiquant à peu près le motif, au lieutenant, qui en refuse rarement l'autorisation, parce qu'il présume bien, fait le sergent avec un sourire narquois, que le véritable but de la sortie est en général la mouquère... (la femme) ;

4° On est absolument libre entre les deux appels.

Maintenant, comme j'en ai fini avec le régime du camp et comme à mes yeux messieurs les républicains ne sont pas si mauvais qu'on veut bien le dire, j'ajouterai, reprend le sergent, à tout ce que je viens de débiter, ce conseil d'ami, au point de vue de votre santé, dans lequel, foi de Juliani, tel est mon nom, vous pouvez avoir une entière confiance et que je vous engage surtout à suivre le plus exactement possible.

Il consiste à vous recommander de ne pas rester trop longtemps au soleil, d'être sobre de vin, de liqueurs et également d'eau pure..., de laquelle cependant on peut faire une bonne boisson tonique et rafraîchissante, en y mêlant un peu de café, et à résister principalement à l'appétit dévorant que le climat d'Afrique semble ne développer en nous que pour nous jouer un mauvais tour... celui de nous donner ou la dyssenterie ou la fièvre jaune, deux gaillardes de maladies qui ne plaisantent guère et qui vous ont bientôt expédié dans l'autre monde... si on les néglige.

Après ces paroles, dont nous nous empressons de le remercier, le facétieux mais bon sergent se dispose à nous quitter ; mais a peine a-t-il fait quelques pas dans cette intention, que Rixin le rappelle pour lui demander s'il n'a rien à nous dire du lieutenant à l'égard de son caractère et de son attitude vis-à-vis des transportés.

— Ah ! si précisément, j'avais l'intention de vous en parler, mais je l'avais oublié, répond le brave sergent ; eh bien, en deux mots, je peux vous peindre notre homme : à part la question d'intérêt. c'est un assez bon garçon, et vous vous apercevrez de ce défaut par la mauvaise qualité de bœuf qui vous sera donnée de temps en temps et par l'empresement qu'il mettra à vous accorder des permissions de sortie, surtout de plusieurs jours... Vous devez me comprendre.

Là-dessus, le sergent se retire enfin.

CHAPITRE IX.

Nos bagages mis en ordre, nous nous rendons à l'appel qui vient d'être sonné, et nous serrons la main à nos nouveaux amis.

Après l'appel on se divise par groupes, et comme le temps est magnifique et que la lune est dans toute sa splendeur, on se promène en se racontant différents épisodes du coup d'Etat.

Un des plus sanglants, et dont quelques transportés de l'Allier et de la Nièvre nous donnent des détails, est sans contredit celui du Donjon, où il y a eu blessés et tués, autant du côté des gendarmes que de celui de la population, et dont un des acteurs, le citoyen Robino, est actuellement au camp, retenu à l'infirmerie pour la guérison d'un coup de feu reçu à la cuisse droite.

La conversation est si animée que nous nous apercevons à peine d'un concert de cris discordants tenant à la fois du chat et du chien, que les chacals, que l'on peut considérer comme les renards d'Afrique, font entendre dans la campagne, quand la nuit est venue.

Il est près de dix heures quand nous nous retirons dans nos salles respectives.

Le lendemain, après le déjeuner, nous sommes priés de nous présenter au bureau du lieutenant qui nous fait distribuer à chacun un livret ayant pour titre : *Règlement sur le régime des transportés*, dans lequel sont inscrits notre numéro d'entrée au camp et les fournitures qui nous sont délivrées, qui consistent en un paletot et un pantalon en drap marron foncé, en une blouse en toile de lin, une ceinture de flanelle, un chapeau de feutre gris et une paire de souliers.

Nous ne les refusons pas, parce qu'elles peuvent nous permettre de conserver nos effets et d'être plus à notre aise.

Mon numéro d'entrée est 3,968, ce qui peut faire supposer sans exagération en comptant ceux qui ont été dirigés sur Philippeville, sur Oran, et c'est le plus grand nombre, un chiffre au moins de dix mille transportés !

Mais il n'en reste plus guère à peu près au camp que trois cents, la plus grande partie ayant été internée ou envoyée sur leur demande, et ceux-là sont des cultivateurs, dans les petites colonies agricoles.

Nous allons ensuite à l'infirmerie faire une visite aux malades qui sont près d'une vingtaine, et nous y voyons le citoyen Robino qui, malgré les vives souffrances que lui fait encore éprouver sa blessure, nous reçoit avec la meilleure humeur du monde et le mot pour rire sur les lèvres.

Nous visitons également les autres salles où plusieurs transportés ont avec eux des produits... animés du pays, tels que le singe, le chacal, la tortue, et le caméléon qui stimule le plus notre curiosité à cause de son organisation qui constitue d'une manière très-évidente un de nos sept péchés capitaux, la paresse !

Le surlendemain matin, nous nous disposons, Chassagne et moi, à descendre à Birkadem pour voir ce village et y faire en même temps notre provision de tabac, quand en sortant du camp je me trouve tout à coup face à face avec un ancien ami, le docteur Basset, que j'avais connu à Paris lorsqu'il était étudiant en médecine, et avec lequel j'avais habité pendant quelque temps la même maison, rue Pierre-Sarrasin.

Cette rencontre si imprévue dans un pays si éloigné du nôtre et qui est aussi extraordinaire que celle de M. de La Pilaie, à la prison de Clermont, me fait éprouver une véritable joie qui est bien partagée par le docteur, qui après une accolade en l'honneur de notre ancienne amitié, m'apprend que ses deux frères, dont l'un que j'ai connu en même temps que lui, et qui est devenu avoué, ont été également transportés et envoyés à Constantine. Il me dit aussi qu'il est interné à Birkadem, et qu'il vient au camp pour y prendre un ami avec lequel il doit passer la journée ; et me prenant sous le bras, il ajoute qu'il espère bien que je serai des leurs, ce que j'accepte volontiers.

Elle me rappelle aussi mon séjour de Paris et la période toute récente encore des luttes politiques du parti républicain contre Louis-Philippe, auxquelles j'avais pris une part très-active et consacré une assez grande partie de mon temps, malgré les difficultés de vivre, car en même temps que j'étudiais la peinture il fallait puiser dans ce travail même, mais pour lequel je m'étais vivement passionné, mes moyens d'existence. Les principaux actes de ces luttes avaient été : la manifestation des Ecoles et de la jeunesse intelligente des classes ouvrières en faveur de Lamennais, au sujet de sa condamnation à un an de prison, pour la publication d'un ouvrage politique intitulé : *Les Paroles d'un Croyant*, et qui fit beaucoup de bruit.

Je comptais au nombre des six délégués chargés de le complimenter sur son dévouement aux principes démocratiques et sur son courage civique, et je vois encore dans mes souvenirs sa tête aux traits et aux lignes austères que l'émotion, à la vue de la nombreuse jeunesse qui défilait sous les fenêtres de son modeste cinquième, aux cris de : Vive Lamennais !... vingt fois répétés, inonda de pleurs... et tint un bon moment ses paroles suspendues à ses lèvres avant de nous répondre.

La fondation du journal républicain *la Ruche populaire*, rédigé par des étudiants, et principalement par les ouvriers poètes, Lachambaudie, Pierre Vinçard, Savinien Lapointe, etc.

Celle également de *la Réforme*, ayant pour directeur M. Granguillot.

Les conférences de la Sorbonne, dont l'un des principaux orateurs était Jules Simon.

L'organisation des Comités de la réforme électorale, à la tête desquels se trouvaient des sommités des sciences et des arts, tels que François Arago, David d'Angers ; des chefs du parti républicain et du parti libéral, tels que Godefroy Cavaignac, Garnier-Pagès, Louis Blanc, Armand Carrel, Cormorin, Jules de Lasteyrie, Odilon Barrot, etc., et auxquels succéda quelque temps après leur dissolution celle des fameux banquets... qui amenèrent enfin la chute de ce roi, qui par entêtement ou par imprévoyance n'avait pas voulu accorder la moindre satisfaction à l'opinion publique, faire le plus petit pas en avant !

J'étais secrétaire du Comité présidé par David d'Angers.

Lorsque nous sommes sortis de nouveau du camp et que nous avons atteint le bas de la côte, le docteur Basset nous introduit dans une maisonnette fort gentille qui est à l'entrée du village, et qu'il nous fait visiter ainsi qu'un jardin qui l'entoure, nous disant qu'il ne veut plus retourner en France et qu'il veut finir ses jours là, quels que soient même les évènements qui peuvent surgir de nouveau.

Quoique le pays soit très-agréable à habiter, nous sommes néanmoins fort étonnés de cette résolution du docteur, et nous lui avouons que si nous avons du plaisir à y rester quelque temps, notre désir le plus grand sera ensuite de revoir la France, nos parents et nos amis.

Et c'est ce sentiment, je peux le dire, qui par la suite nous empêche de prendre au sérieux une idée qui est venue à plusieurs d'entre nous, et qui à la rigueur pouvait se réaliser, celle de tenter de fonder d'un commun accord avec la troupe dont en grande partie la sympathie nous était acquise, une République en Afrique.

Mon ami ne répond pas à notre observation, mais sortant de suite, il revient un instant après avec une jeune femme de vingt-cinq à vingt-six ans, d'un extérieur très-avenant, et qu'il nous présente en s'écriant : Voilà la cause de ma détermination !

Une exclamation de surprise accueille naturellement cette apparition inattendue... qui est pour nous comme un petit coup de théâtre !... Et nous comprenons dès lors et jusqu'à un certain point la résolution de notre ami.

La jeune femme, après nous avoir salué très-gracieusement, nous invite à souper pour le retour de notre promenade, afin, dit-elle, de faire plus ample connaissance.

Le village que nous visitons avant de gagner la campagne ne forme qu'une seule rue, ayant à ses extrémités d'un côté, la caserne de gendarmerie ; de l'autre, une église ; et au milieu, comme à Bir-Mandrès, le groupe du café, de l'école et de la fontaine, mais qui est orné ici d'un magnifique cèdre du Liban !

En passant près de la fontaine dans laquelle un Arabe fait abreuver en ce moment un dromadaire, le docteur Basset nous demande si nous voulons voir l'école, en ajoutant que l'entrée en est aussi libre en Afrique que celle des églises en France.

Sur notre réponse affirmative il nous fait monter quelques escaliers, et nous introduit dans la classe où le professeur placé à côté d'une fenêtre est occupé à dicter un devoir à ses élèves, qui après l'avoir répété à haute voix l'inscrivent sur une ardoise qu'ils tiennent à la main.

Si le professeur ne détourne seulement pas la tête de notre côté pour voir au moins qui vient d'entrer, il n'en est pas de même des élèves qui assis sur des nattes et dont les figures sont toutes mignonnes et très-animées, nous regardent avec curiosité et avec un petit air narquois qui nous fait tout l'effet d'une protestation à l'adresse de leur maître, à cause de son attitude à notre égard, et qui est bien différente de celle de ses compatriotes de Bir-Mandrès...

En sortant de l'école nous prenons une route qui conduit à un ancien camp qu'on appelle Tyxraïm, qui est éloigné de près de trois kilomètres de Birkadem, et qui est comme celui-ci situé sur une hauteur. Mais il est presqu'entièrement détruit et il ne reste plus guère dans l'ensemble de sa ruine que deux chambres dans l'une desquelles nous remarquons trois petits paysages peints à la fresque sur la muraille, qui sont assez bien conservés, et que le docteur dit être attribués à l'un des princes d'Orléans, le duc d'Aumale.

Les alentours de ce camp ou plutôt de cette ruine sont très-pittoresques, surtout une gorge qui est derrière, qui se prolonge assez loin, et au fond de laquelle nous apercevons une maison arabe qui éveille fortement notre curiosité.

Nous descendons par un sentier tortueux et très-étroit pour la voir de plus près. Mais lorsque nous en approchons, nous voyons sortir tout à coup des broussailles qui l'entourent deux grands chiens noirs aux oreilles longues et pointues, d'un aspect repoussant, et qui nous montrant leurs crocs avec une espèce de grimace sinistre, se jettent sur nous en jappant effroyablement.

Cette alerte attire à quelques fenêtres, ou pour mieux dire à quelques trous carrés de l'habitation, deux ou trois têtes de femmes qui semblent effrayées de notre présence, mais qui en nous voyant sourire reprennent bientôt leur assurance.

Néanmoins, dans la crainte de les contrarier, nous ne voulons pas aller plus loin, et nous prenons le parti, en maintenant énergiquement avec n's cannes nos terribles assaillants à une distance respectueuse, de battre en retraite.

En arrivant sur le sommet de la côte que nous avons remontée tout en riant de notre mésaventure, nous sommes accostés par deux Arabes qui en nous faisant comme toujours de profonds saluts, nous disent en nous montrant du doigt une autre habitation plus éloignée et également située dans la gorge : « Vous venir là-bas... prendre le cavoua (café) avec nous ! »

Quoique cette invitation nous soit faite sur un ton très-cordial, nous la déclinons, peu rassurés par la distance, par l'isolement de la maison, et par cette raison surtout que, quelque bon que soit un homme appartenant à un pays conquis, il peut être animé d'un désir de vengeance... habilement dissimulé, et chercher à l'assouvir si l'occasion s'en présente avec la conviction qu'il agit en bon patriote.

Nous continuons notre promenade jusqu'à la nuit, et après avoir passé notre soirée chez le docteur, nous rentrons au camp.

Trois jours après cette course nous en faisons une nouvelle, mais cette fois collective, et avec le lieutenant Muller.

On va... de droite et de gauche, tantôt par groupes, tantôt isolés. Les uns cherchent une espèce de racine, dont je ne me rappelle pas le nom, et qui est très-favorable à la fabrication de belles pipes. Les autres coupent des branches d'olivier, arrachent des myrtes ou dépouillent, avec la permission du propriétaire qui n'y tient pas, un énorme palmier à rames pour en faire des cannes, et dont je prends aussi ma bonne part.

Nous remarquons par là quelques maisons de campagne assez jolies, qui abandonnées pour cause de maladie, de climat, nous font songer à la ville de Bouffarick dont l'assainissement des terres sur lesquelles elle est construite, dans la plaine de la Mitidja, a amené plusieurs fois la destruction de sa population... Ce qui n'encourage pas le père Combe qui jusqu'alors a rêvé la concession d'un terrain !...

Nous voyons par là quelques colons, la plupart Alsaciens ou Maltais, qui se plaignent de leur condition qu'ils disent être trop précaire, parce que le gouvernement ne leur accorde à chacun qu'une carcasse de maison, une étable, qu'ils sont obligés de faire achever à leurs frais..., une paire de bœufs, et des dispenses d'impôt pendant trois ans.

Nous entrons également chez un Maure qui nous engage à acheter des oranges, en nous montrant son jardin qui en est amplement pourvu. Seulement comme nous allons immédiatement à un oranger qui est plus remarquable que les autres par sa grandeur, par le brillant et la grosseur de son fruit, nous sommes trés-étonnés et presque inquiets de le voir tout à coup accourir vers nous avec des gestes et une expression de figure qui indiquent la frayeur, et qui s'écrie lorsqu'il nous a rejoints : « Touchez pas... touchez pas ! Poison, poison ! »

Et puis après avoir repris haleine, il ajoute : « Voyez-vous... ces fruits-là ne sont pas bons à manger, et on peut très-bien, sous ce rapport, les comparer aux faux champignons qui par leur brillant, leur vernis, tentent davantage l'envie..., que ceux qui plus modestes d'apparence sont les meilleurs; néanmoins, comme ils sont utiles pour la médecine, nous en conservons toujours quelques-uns dans nos jardins. »

Lorsque nous sortons, et après en avoir mangé tout à notre aise et garni nos poches, et tout cela pour chacun dix centimes, nous sommes gratifiés par dessus le marché d'un bono... bono Français, très-satisfait.

Cette excursion à bâtons rompus pour ainsi dire nous a fort égayés, et nous a amené rapidement à l'heure du départ pour lequel nous nous réunissons à l'appel du clairon, sur un petit plateau d'où on nous fait voir la fameuse Maison-Carrée, qui située à une assez grande distance du lieu où nous sommes et dans la plaine de la Mitidja, a servi dès le début de la guerre de forteresse à nos soldats.

En route nous apercevons quelques Arabes qui font paître des moutons ainsi que des bœufs. Mais si les moutons sont beaux, en bon état, il n'en est pas de même des bœufs qui sont très-petits, et dont le poil est ras et de la couleur de celui du chameau, ce qui dénote une race passablement nerveuse, et aussi une chair qui ne doit pas faire espérer de bons biftecks!...

CHAPITRE X.

Quelques jours ont suffi pour nous permettre d'apprécier la vie du camp, qui, certes, est bien préférable, et contre notre attente, à celle de la prison, et à laquelle, excepté M. Beillard, qui se fait interner, nous prenons d'autant mieux le parti de nous résigner, qu'on nous fait espérer une amnistie prochaine, et cette fois sérieuse.

En dehors des distractions dont nous jouissons, et qui sont : la lecture de quelques journaux, principalement du *Siècle*, la discussion, le jeu, les sorties et, de temps à autre, quelques séances de musique vocale et instrumentale, que plusieurs d'entre nous connaissent, je me suis créé une petite occupation de deux heures par jour à peu près, qui me permet d'augmenter un peu le contenu de ma bourse, fruit de quelques économies que le séjour de la prison avait presque entièrement épuisées, et qui consiste à dessiner des portraits à la mine de plomb, dans un petit format, en buste et en pied, et dont je laisse le prix de la rétribution à la volonté de l'amateur.

Les lettres du pays n'arrivent que tous les quinze jours, et chacun de nous en attend avec impatience ; seulement, pour moi, à mesure que le moment approche, je le redoute autant que je le désire ; à cause de la position de ma mère, qui est depuis longtemps alitée.

A la veille d'en recevoir, il me vient d'Alger une nouvelle qui m'impressionne fortement, et qui est celle de la mort de mon jeune collègue, M. Jules Gaudens, que je me proposais d'aller voir bientôt, comme je le lui avais promis, et qui, il y a à peine quelques jours, était encore plein de vigueur et de santé.

En brisant le cachet, le lendemain, de celle qui m'est destinée, j'éprouve un serrement de cœur qui me fait mal augurer... de ce qu'elle peut contenir... et en effet, mon pressentiment ne se réalise que trop. car les premiers mots que j'y lis m'apprennent bien vite que la pauvre femme vient aussi de succomber.

Pour combattre la peine que me cause cette mort, qui m'est d'autant plus sensible qu'elle est due principalement à la connaissance de mon arrestation, je songe à reprendre mon travail de peinture, qui souvent m'a fait oublier les contrariétés qui sont venues parfois m'assaillir. Dans ce but, je sors de ma malle ma boîte à couleurs, à laquelle je n'avais plus touché depuis mon départ de Thiers. Mais cette bonne disposition faisant place aussitôt à un profond découragement que je ne puis vaincre, je m'empresse de la remettre à sa place, avec la persuasion qu'il n'y a que des courses qui puissent me distraire.

Néanmoins, j'ai compté sans le soleil, qui, quoique nous soyons au mois de décembre, se montre si ardent, qu'il me vaut, à la suite d'une de mes sorties, une forte maladie, dont les premières atteintes sont de violents maux de tête, et qui dure près de trois semaines.

C'est que cet estimable astre est presque aussi vif en Algérie, à cette époque de l'année, qu'au mois de juin dans nos contrées ; c'est que l'hiver, au lieu de ressembler au nôtre, n'offrant à nos regards que l'image de la mort, y est, au contraire, comme le printemps celle de la vie ! Il ne consiste qu'en quelques brouillards de peu de durée, qu'en quelques pluies parfois un peu froides, à la suite desquelles le ciel, au lieu de rester nuageux encore plusieurs jours de suite, redevient presque immédiatement bleu. En un mot, les arbres, les arbustes, la végétation sont toujours verts.

A peine suis-je rétabli de ce tribut... payé au climat, auquel je croyais certainement bien échapper, qu'avis nous est donné par un nouveau lieutenant dont je ne me rappelle pas le nom, et qui a remplacé M. Muller, de notre départ du camp de Birkadem pour celui de Douara, situé à dix kilomètres plus loin.

Le renvoi de M. Muller est dû aux plaintes portées à différentes reprises contre lui et son comptable, au sujet du bœuf dont notre sergent nous avait parlé ; et voici ce qui s'était passé : l'administration donnant tant par kilo pour l'achat de cette viande, prix suffisant pour l'avoir bonne, ces messieurs s'entendaient pour en prendre fréquemment de qualité inférieure, dont la rétribution moins élevée leur permettait de mettre en poche le surplus de celle qui leur était accordée ; ce qui, joint aux rations non consommées, devait leur produire, pendant la mauvaise période et sur près de trois cents personnes à nourrir, un bénéfice assez rond. Comme on le voit, les gaillards avaient la conscience... large ! et peu leur importait les estomacs des transportés !...

Au sujet de ce départ pour Douara, nos sergents gardiens essaient une charge assez originale, mais qui ne prend pas : c'est celle de nous faire croire que nous quittons Birkadem pour faire place aux légitimistes, dont beaucoup ont été arrêtés, disent-ils, à la suite d'une conspiration contre le gouvernement, préparée par eux, et qui a été découverte.

Notre changement de domicile me fait à la fois plaisir et de la peine : il me fait plaisir parce que nous serons mieux au camp de Douara, qui a de vastes et belles salles et un premier, une cour plus spacieuse que celle de Birkadem, et surtout des jardins ; il me fait de la peine parce qu'il m'éloigne de mon ami Basset que je voyais très-souvent.

Nous trouvons une différence assez sensible entre le paysage que nous parcourons pour aller à Douara et celui que nous connaissons déjà, surtout un peu avant d'arriver à Saoula, village arabe que nous traversons, et qui est à peu près à moitié chemin.

Ainsi, à part les palmiers nains qui abondent un peu partout, là où les terrains sont peu cultivés, et comme les genêts sur nos montagnes, nous voyons des coteaux plus accidentés, plus rocheux, et qui, amplement garnis de broussailles, doivent procurer au lion une retraite sûre et facile ; mais ce que nous remarquons avec plus de plaisir, ce sont de magnifiques lauriers roses qui bordent un ruisseau que nous côtoyons, et à l'ombre desquels nous faisons une halte.

A notre approche de Douara, la campagne change encore et se présente à nos yeux presque nue, ce qui est tout le contraire de Birkadem. Nous traversons cette petite ville, assise pour ainsi dire sur un vaste plateau, et entourée du même panorama à peu près que celui que nous avons admiré du faubourg de Mustapha-Supérieur à Alger.

Le camp et la ville se touchent presque, et il y a en face du camp un hospice qui paraît très-confortable et très-agréable.

A en juger par un vieux mur d'enceinte dont quelques parties seulement sont encore debout, la ville de Douara doit être très-ancienne. Elle possède, comme édifices et tout récemment construits, une élégante petite mairie et un temple protestant. En un mot, l'ensemble de son intérieur est très-gai et ne manque pas d'animation. Il y a aussi plusieurs cafés, et une boutique de barbier d'où s'échappent par les fenêtres de grosses touffes de tabac, ce que tout le monde est libre de vendre en Afrique. Elle est tenue par un Espagnol, dont le costume rappelle celui de Figaro, qui est le type du genre.

Parmi les cent transportés qui sont au camp se trouvent plusieurs Parisiens, entre autres deux horlogers et un photographe ; il y a aussi de la province plusieurs médecins et pharmaciens, un notaire et un ancien capitaine décoré.

Ce groupe que notre jonction porte au nombre de trois cents, représente toutes les nuances du parti républicain. Il n'y a cependant parmi nous aucun partisan ni de Saint-Simon, ni de Fourier, ni de Cabet, écrivains distingués, il est vrai, mais dont les idées, ou pour mieux dire les utopies, créées avec les meilleures intentions du monde sans aucun doute, ont été, après avoir fait tant de bruit sous Louis-Philippe surtout, presque entièrement usées peu après. Seulement, au point de vue du progrès social, et à propos d'idées, quelques-uns d'entre nous ont la leur. Pour moi, celle qui me passionne le plus a trait à la sécurité de la vieillesse, c'est-à-dire à la constitution des retraites civiles.

Je voudrais que tout homme, toute femme, parvenus à l'âge de 65 et de
60 ans, ayant vécu honorablement, mais étant restés ou devenus pauvres,
malgré leur bon vouloir, et à quelque condition qu'ils aient appartenu, pussent
jouir d'une pension assurant leur existence. Ce droit, qui serait acquis par un
impôt spécial, dans les conditions par exemple des cotisations des secours
mutuels, et versé à partir de 31 ans jusqu'à l'âge de la retraite, affirmerait
bien certainement la moralité d'une société véritablement civilisée, en ce qu'il
assurerait à l'individu qui, au bout du compte, a contribué par son travail à
fonder la fortune publique, le bien-être universel, un port de salut, une période
de repos, après celle de l'action, de l'activité, soutenue en grande partie par
des associations;

En ce qu'il aurait aussi le bon résultat que les âmes pieuses qui passent pour
être très-compatissantes devraient surtout apprécier, de rendre meilleurs bien
des gens qui, par crainte de misère sur leurs vieux jours, par incertitude de
l'avenir, se réfugient souvent dans les mauvaises passions,... dans le vol...
et quelquefois même dans le crime !...

La vie du camp continue de s'écouler tranquillement, et rien ne semble vouloir la troubler, lorsque, quelques semaines après notre installation à Douara, la
nouvelle du mariage de Badinguet — c'est ainsi que les transportés appellent
Sa Majesté Napoléon le troisième — qui nous est donnée officiellement par
le lieutenant, après trois sonneries de clairon plus [éclatantes qu'à l'ordinaire, et sur un ton larmoyant qui fait rire tout le monde, vient l'agiter un
instant.

Elle est suivie d'une amnistie qui, si elle nous fait plaisir, ne nous satisfait
pas cependant entièrement, parce qu'elle n'est pas générale.

Ainsi, Rixin et le père Combe sont, à notre grand regret, au nombre de ceux
qui n'en bénéficient pas.

Rixin s'en console facilement, parce que son intention est de passer en Espagne, ce qu'il fait en effet un peu avant même notre départ.

Quant au père Combe, qui persiste cette fois — et nous ne savons trop s'il
n'est pas dans le vrai — à attribuer de nouveau cette rigueur envers lui à l'influence du clergé catholique, en haine du protestantisme, il s'en montre très-
affecté; et ce qui lui fait le plus de peine surtout, c'est moins encore de rester
un peu plus au camp que de n'être plus avec nous.

Nous l'engageons à reprendre courage, en lui faisant espérer son prochain
retour en France; mais cet espoir, qui le ranime tant que nous sommes auprès
de lui, l'abandonnera bien vite quand nous serons partis, et le pauvre homme,
miné ensuite par le chagrin, ne tardera pas à succomber sans avoir eu la satisfaction de revoir sa famille.

Dans l'intervalle de notre départ qui est fixé au 8 mars, nous voyons arriver
presque journellement au camp, et qui y séjournent successivement deux ou
trois jours au plus, un grand nombre de nos amis qui ont été internés
ou envoyés dans les colonies agricoles, et qui sont désignés pour le premier
embarquement.

Parmi eux se trouve un autre habitant de Châteldon, le citoyen Chambriat,
qui est le seul de notre pays que j'aie rencontré en Algérie.

Nous quittons à notre tour le camp deux jours avant notre embarquement,
pour les passer à Alger qu'il nous tarde beaucoup de visiter.

Les uns, et c'est le plus grand nombre, montent sur les prolonges qui doivent transporter nos bagages au Lazaret, les autres aiment mieux faire la route
à pied, et je suis avec eux, mais nous nous séparons à Birkadem où je m'arrête avec l'ami Chassagne, qui m'accompagne, pour faire mes adieux au
docteur Basset.

Nous prenons ensuite le chemin de la vallée que nous ne connaissons pas
encore, et qui est bien plus pittoresque et d'un tout autre genre que celui de
Mustapha-Supérieur. En passant, nous jetons un coup d'œil sur l'habitation
de la fameuse femme sauvage dont nous avons entendu beaucoup parler, et
qui n'est autre chose, à notre grand étonnement, qu'un café composé d'une
seule maisonnette perchée sur un rocher dans lequel est creusée, probablement par la nature, une grotte qui sans doute a dû jadis servir d'asile à la
véritable femme sauvage, si toutefois elle a existé; et d'un modeste jardin
garni de quelques sièges agrestes, et clos par des roseaux.

Au débouché de la vallée, nous voyons tout à coup la mer dont l'aspect nous surprend agréablement, et ayant trouvé ensuite le joli village d'Ussindé, qui est à notre gauche, nous sommes bientôt sur la route qui conduit directement à Alger.

A peine avons-nous commencé à la parcourir, que nous apercevons à l'un de ses détours, et défilant sous un palmier géant qui semble toucher au ciel, tellement il est élevé, une quinzaine d'Arabes, qui à âne, qui à dromadaire, se rendent tranquillement à la ville.

La rencontre de cette petite caravane nous réjouit beaucoup, et j'y retrouve avec plaisir les types originaux que j'ai remarqués et admirés souvent dans les tableaux de Decamp et de Marilhat, de Marilhat surtout, qui en qualité de compatriote, m'intéressait davantage, et dont je déplorais l'absence de ses œuvres dans nos musées.

Un peu plus loin, un cimetière arabe où plusieurs femmes et quelques enfants sont occupés, accroupis sur les dalles des tombeaux, à prendre un repas en commun, attire également notre attention.

Il y entre en ce moment trois autres femmes encore plus remarquables, et par leur coiffure qui, blanche et ayant la forme d'un cône de la hauteur au moins de 30 centimètres, produit tout l'effet d'un pain de sucre juché sur une tête..., et par leur costume surtout, dont l'aspect est très-original et diffère de beaucoup de celui des visiteuses assises; ce qui nous fait supposer qu'elles doivent appartenir à un ordre religieux du pays.

Mais ce qui nous frappe le plus dans la vue de ce groupe, c'est moins encore la nouveauté des costumes que l'animation, la gaîté qui président à ce repas en compagnie des morts... Ainsi, ce qui serait considéré comme un scandale dans notre pays, l'est ici, au contraire, comme une fête...

Lorsque nous sommes plus près d'Alger, nous voyons à notre droite un vaste jardin, dans lequel nous entrons. Il porte le nom de Jardin d'Essai, est très-agréablement situé sur les bords de la mer et son abord est orné de bambous d'une hauteur prodigieuse, qui suscitent de notre part de nombreux points d'exclamation de surprise. Des différents autres arbustes de pays encore plus chauds que l'Algérie qu'on y cultive, celui dont la forme nous étonne le plus et que nous nous plaisons à examiner avec le plus d'attention, est sans contredit le bananier, dont la fleur ressemble, à s'y méprendre, à un véritable cœur de bœuf. Il y a aussi un grand pavillon dans lequel sont enfermées cinq à six autruches que nous observons pendant quelques instants. Après s'être approchées de nous et après avoir passé leur bec à travers les barreaux, comme pour nous demander quelque chose, elles se mettent ensuite, en voyant que nous ne leur donnons rien, à courir, à galoper en cercle avec une rapidité extraordinaire et comme des chevaux au manège.

De là, n'ayant plus guère qu'un grand quart d'heure de marche à faire pour arriver à Alger, nous y entrons à la nuit tombante et très-satisfaits de tout ce que nous avons vu.

Le lendemain, impatient de voir l'intérieur de la ville, nous sommes sur pied de bonne heure, et notre journée est activement employée à visiter les vieux et les nouveaux quartiers, à examiner les fortifications et les édifices.

Les vieux quartiers sont en général situés sur les hauteurs de la ville, et habités principalement par les Arabes et les juifs ; les rues y sont très-étroites, et les rez-de-chaussée, ce qui n'est pas très-gai, mais ce qui est en revanche une garantie contre l'ardeur du soleil, sont plus bas que le niveau du sol. Les maisons sont presque toutes carrées, passées à la chaux vive, et pourvues chacune d'une terrasse ; elles ont pour fenêtres, comme celles que nous avons vues à la campagne, une ou deux petites ouvertures également carrées et sans vitres ; leur agrément, leur commodité étant entièrement concentrées à l'intérieur.

En les parcourant, nous voyons çà et là des groupes d'Arabes et de juifs, qui s'amusent à jouer sur le seuil de leur porte, aux osselets et aux dames. Comme leurs gestes sont très-animés, et leurs paroles très-vives, nous nous arrêtons pour les regarder faire, et nous sommes même en train de rire de leurs disputes, quand tout à coup, une petite scène très-originale à laquelle nous sommes loin de nous attendre, que chacun de nous a dû voir dans son enfance, et être un des acteurs, se présente à nos yeux et nous détourne aussitôt de cette... intéressante occupation... !

C'est un vieux juif grand et fort qui, courbé par une énorme bauge contenant je ne sais quoi, qu'il traîne sur son dos, ce qui nous indique un portefaix, débouche en ce moment d'une rue voisine, harcelé par des enfants arabes qui lui font avec une des pointes de leur veste, et en la secouant, l'oreille de porc... ! Le pauvre homme furieux, mais ne pouvant les poursuivre à cause de son fardeau, se contente de leur adresser des paroles de colère qui ont l'air de peu les intimider, car ils continuent de le suivre, et le narguer du geste et de la voix.

Les nouveaux, dont les constructions ont presque toutes le cachet parisien, longent les bords de la mer, et commencent au Lazaret, pour aller finir à peu près au jardin Marengo qui, perché à l'autre extrémité de la ville, sur un coteau assez élevé et très-pittoresque, domine la mer.

Ils sont formés en grande partie par les rues Bab-el-Roun, Bab-el-Oued, etc., et par plusieurs places superposées les unes au-dessus des autres, et dont la principale qui porte le nom de place du Gouvernement, et qui est ornée d'une statue à cheval, représentant le duc d'Orléans, constitue la plate-forme du port.

Dans la rue Bab-el-Oued il y a un bazar qui contient un ensemble des différents produits de l'industrie africaine qui ne manque pas d'attraits, qui sont très-curieux à voir, et qui prouvent que l'Arabe a un goût bien déterminé pour l'ornementation.

En y faisant quelques tours de promenade, nous avisons dans un de ses magasins, deux jeunes Arabes qui nous regardent avec bonhomie et nous sourient, et qui, occupés à travailler à des babouches, nous font l'effet d'être des ouvriers.

Attirés par cette expression de bienveillance, nous allons à eux, et après leur avoir parlé de différentes choses, nous leur demandons en riant, si mariés, ils seraient aussi jaloux de leurs femmes que leurs concitoyens, et si comme eux, ils les tiendraient toujours cloîtrées.

A cette question, les deux jeunes gens qui jusqu'alors ont plaisanté assez agréablement avec nous, deviennent plus sérieux, et les yeux pour ainsi dire illuminés par la passion, nous répondent avec vivacité, que sur ce point ils seraient aussi inexorables..., ce qui nous amène à faire quelques réflexions sur la différence de la situation des femmes d'Afrique... avec celles des habitantes de nos pays.

Les fortifications sont principalement, la Casbah, une des plus anciennes de la ville que nos canons ont fortement ébréchée, et le fort de l'Empereur ; parmi les édifices, on peut citer comme les plus remarquables, la cathédrale qui est entée pour ainsi dire sur une mosquée, dont l'extérieur offre par conséquent aux regards l'aspect d'un amalgame d'architectures passablement originales : l'hôtel du Gouvernement, l'ancien palais du bey converti en hospice, le théâtre tout nouvellement construit, et la grande mosquée dont nous avons tout le temps d'examiner l'intérieur pendant que les deux vénérables Arabes qui en gardent l'entrée, dont la porte est entr'ouverte, cherchnet à nous démontrer, à nous faire comprendre par signes et par quelques mots de français écorchés..., que pour la visiter, il faut quitter sa chaussure..., ce dont nous les remercions, peu tentés que nous sommes de marcher pieds nus sur des dalles de marbre... !

Cet intérieur est une pièce vaste et carrée, elle est décorée dans le genre mauresque, et avec assez de goût. A son plafond qui est très-élevé et richement orné, sont suspendus plusieurs lustres d'une forme très-élégante, et garnis de pierreries sans doute de grande valeur. Au milieu de la salle, les dalles sont couvertes d'épais et magnifiques tapis sur lesquels en ce moment, un prêtre musulman revêtu du costume turc, officie en levant tantôt ses deux mains jointes au-dessus de sa tête, comme pour implorer le ciel, et tantôt en se courbant comme pour saluer quelqu'autel, quelqu'emblème religieux qui est probablement devant lui, mais que nous ne pouvons voir après trois à quatre de ces exercices, il se prosterne jusqu'à terre... qu'il embrasse avec effusion.

Comme après s'être relevé, il semble vouloir reprendre et continuer ses démonstrations, et comme nous ne voulons pas non plus lasser la patience des deux gardiens qui se montrent très-polis et très-complaisants, nous ne poussons pas plus loin notre curiosité, et nous nous retirons.

Nous remarquons aussi les costumes qui sont si variés de forme et de couleur, qu'on se croirait en plein carnaval ! et cela ne doit pas étonner, lorsqu'on songe qu'Alger est habitée par cinq à six races d'hommes bien différentes les unes des autres, et qui sont : les Arabes, les Maures, les Juifs, les Nègres, les Français et les Espagnols.

Celui du juif dont la coiffure est en général la casquette plate, se rapproche beaucoup de l'européen, et celui de la négresse est en tout semblable à ceux dont sont revêtues les anciennes sculptures égyptiennes que l'on voit au musée du Louvre.

Mais un de ceux qui attirent le plus notre attention, est sans contredit celui d'une jeune femme maure ou arabe, la seule que nous ayons rencontrée pendant notre promenade dans la ville.

Ce costume qui est assez simple est composé, d'abord d'un léger voile blanc brodé d'or et en mousseline, qui prenant sur la tête et descendant jusqu'aux hanches, cache et découvre alternativement en flottant à l'air, le buste et la taille qui est enfermée, ou pour mieux dire, qui est serrée par un large ruban rose à longs flots, s'agitant également, ensuite d'un pantalon turc du même tissu qui voltigeant tout autour de la jambe, en dessine de temps en temps les gracieux contours ; quoique nous ne puissions voir la figure de celle qui le porte, il nous est permis néanmoins de supposer, et même d'avoir la certitude, à en juger surtout par deux grands yeux ornés de longs cils, et d'un noir de jais, qui brillait entre le voile et le bandeau qui cache le bas du visage dont la forme est d'un oval parfait ; par la blancheur mate de sa peau, par la saillie remarquable de sa poitrine, par la souplesse, l'élégance à la fois de ses mouvements et de sa démarche, qu'elle doit être pour parler selon le style passablement imagé du pays, une vraie perle d'Orient..., une houri du paradis de Mahomet ! !

Enfin le moment du départ est venu, et c'est le lendemain de cette course dans la ville, sur les dix heures du matin, toujours par un soleil très-ardent, que plus impatients encore, bien entendu, de revoir la France que nous l'avons été de voir l'Algérie, nous prenons possession du *Labrador*, frégate également à vapeur qui nous conduit bon train et sans aucun incident fâcheux au port de Toulon.

A notre arrivée, la population qui en est avertie, nous accueille avec les plus grandes démonstrations de joie et de sympathie, mais en même temps, avec une appellation qui ne sonne pas très-bien à nos oreilles, qui les choque même, et qui est celle-ci : Messieurs les insurgés... ! que du reste nous n'avons pas beaucoup de peine à rectifier dans son esprit, et qu'elle s'empresse d'abandonner bien vite en riant même de son erreur, après cette observation toute simple, que les véritables insurgés sont ceux qui ont fait le coup d'État, violé la loi... !

Là, avant de nous séparer, et pour toute vengeance des injustes persécutions que nous avons subies, des misères que nous avons supportées, nous ne formulons qu'un vœu, nous n'exprimons qu'un espoir, ceux de les voir servir à la propagande, au triomphe des principes républicains qui sont les seuls dignes d'une grande et intelligente nation, parce qu'ils sont les plus favorables à tous ses intérêts, autant moraux que matériels.

Clermont-Ferrand, imprimerie MONT-LOUIS, rue Barbançon, 2.

www.ingramcontent.com/pod-product-compliance
Lightning Source LLC
Chambersburg PA
CBHW061230030726

47595CB00004B/1468